Das Kind und seine Entwicklung

herausgegeben von
Jerome Bruner, Michael Cole und Barbara Lloyd

Tom Bower

Die Wahrnehmungswelt des Kindes

Klett-Cotta

Die englische Originalausgabe erschien unter dem Titel
The Perceptual World of the Child bei Fontana/Open Books, London

Die Übersetzung besorgte Thomas M. Höpfner, Berlin

CIP-Kurztitelaufnahme der Deutschen Bibliothek

Bower, Tom:
Die Wahrnehmungswelt des Kindes. – 1. Aufl. – Stuttgart: Klett-Cotta, 1978.
(Das Kind und seine Entwicklung)
Einheitssacht.: The perceptual world of the child ⟨dt.⟩
ISBN 3-12-921540-9

1. Auflage 1978
Verlagsgemeinschaft Ernst Klett – J. G. Cotta'sche
Buchhandlung Nachfolger GmbH

Printed in Germany
Einbandgestaltung: Heinz Edelmann, Den Haag
Satz und Druck: W. Röck, Weinsberg

Inhalt

Vorwort der Herausgeber

In den letzten zehn Jahren wurden eine Menge wichtiger Forschungen über die Entwicklung des Menschen in all ihrer reichen Mannigfaltigkeit durchgeführt, vielfach mit dem Direktziel, das Wohlergehen des heranwachsenden Kindes zu fördern und ihm in seinem Streben nach voller Entfaltung seiner Kräfte und Möglichkeiten zu helfen. In der Regel erreichen neue Erkenntnisse dieser Art den intelligenten, interessierten Laien nur langsam und stückweise. Mit dieser Reihe möchten wir die neuen Erkenntnisse rasch, aber ohne Simplifizierungen den zahlreichen Menschen erschließen, die verantwortungsvoll daran mitwirken, eine neue Generation großzuziehen.

Jerome Bruner, University of Oxford
Michael Cole, The Rockefeller University
Barbara Lloyd, University of Sussex

Kapitel 1
Wie erfahren wir die Wahrnehmungswelt des Kindes?

Dieses Buch handelt davon, wie das sich entwickelnde Kind seine Umwelt wahrnimmt und wie es dazu gelangt, die Bedeutung des Wahrgenommenen zu erfassen.

Als Wahrnehmung bezeichnen wir normalerweise jeden Prozeß, der uns Geschehnisse außerhalb unseres Ichs unmittelbar gewahr werden läßt. Das Schlüsselwort ist hier „unmittelbar“. Unmittelbare Informationen können wir nur über denjenigen Teil der Welt gewinnen, der unsere Sinne direkt anspricht. Die Welt, die wir wahrnehmen, ist die Welt, die wir sehen, hören, riechen, schmekken und berühren. Meine Wahrnehmungswelt ist im Moment ein ungefähr 6 x 6 m großer Raum, normal möbliert, ziemlich ruhig. Durch das offene Fenster dringt ein schwachsüßlicher Duft und aus der Ferne ein Rumpeln zu mir. Das ist eine recht beschränkte Wahrnehmungswelt, und sie wird noch enger, wenn ich mich ganz auf das gelbe Blatt Papier konzentriere, dem ich diese Worte anvertraue. Ich könnte ihre Grenzen durchbrechen, könnte aufstehen und draußen spazierengehen. Doch als Erwachsener habe ich auch andere Möglichkeiten. Meine Welt ist nicht nur eine der Wahrnehmungen. Ich verfüge über ein Gedächtnis und Wissen. Meine Erinnerung sagt mir, daß der Duft im Zimmer von dem Jasmin im Garten herrührt, und ich „höre“ das Poltern und Rattern draußen als die Geräusche eines vorbeifahrenden Autos. Ich vermag bis zu einem gewissen Grade in der Zukunft zu leben, indem ich darüber nachdenke, was ich tun *werde*. Mithilfe von Fernsehen, Zeitungen und Büchern kann ich mich in Welten versetzen, die ich niemals direkt wahrnehmen werde.

Dem neugeborenen Baby fehlen diese Möglichkeiten. Es hat nur wenige Erinnerungen und wahrscheinlich keinerlei Zukunftsgedanken. Seine Welt ist eine reine Wahrnehmungswelt. Dabei hat die Wahrnehmung für das Baby nicht soviel Nutzen wie für uns, weil es sie nicht aktiv kontrollieren kann, wie wir es können. Zwar kann es gleich uns sich weigern, Dinge zu betrachten; aber hinauszuwandern und nach Dingen Ausschau zu halten, ist ihm unmöglich. Wenn das Baby Hunger verspürt, kann es nicht zum Kühlschrank gehen und nachschauen, was es darin Eßbares gibt; denn es kann nicht laufen und es weiß auch nicht, daß der Kühlschrank Nahrung enthält. Kenntnismangel hindert es daran, sein Wahrnehmungssystem so zu gebrauchen, wie Erwachsene es vermögen. Was wir über die Welt erfahren, das erfahren wir zunächst durch unsere Sinne. Mithilfe dieses Sensoriums nimmt das Baby wahr, wie seine Mutter aussieht, wie Essen bestimmter Farbe schmeckt, usw. Die Sinnesinformation wird gespeichert und in ein System von Kenntnissen und Wissen umgeformt, das seinerseits den Einsatz des Wahrnehmungssystems steuern kann. Manche Psychologen meinen, Wissen verändere die Art und Weise, wie wir Dinge sehen, aber die Stichhaltigkeit dieses Gedankens ist sehr schwer abzuschätzen. Sieht denn ein Kühlschrank anders aus, sobald wir wissen, daß er wahrscheinlich Nahrungsmittel birgt? Zweifellos eine knifflige Frage, die sich vielleicht gar nicht beantworten läßt. Eines indessen können wir sagen: Der Anblick des Kühlschranks gewinnt für uns eine andere Bedeutung, sobald wir wissen, daß das Gerät einen Kühlraum hat, in dem man Nahrungsmittel aufbewahrt. Ohne dieses Wissen ist uns der Kühlschrank vielleicht nicht mehr als eine glänzend-weiße Fläche oder ein großes viereckiges Objekt. In mancher Hinsicht muß die Welt des sehr kleinen Babys also verhältnismäßig sinnleer sein. Ehe die Wahrnehmungswelt für das Kind die Bedeutung bekommt, die sie für Erwachsene hat, muß es viel über die Welt lernen und darüber, was sich mit welchen Mitteln erreichen läßt. Kenntnisse der Art, wie sie unsere Wahrnehmungen präzisieren, stehen dem Baby nur wenige zu Gebote. Ich sage „nur wenige“, nicht etwa „gar keine“, denn es gibt Anhaltspunkte dafür, daß manches Wissen nicht gelernt zu werden braucht. Zum Beispiel scheint das Baby bereits von Geburt an erstaunlich viel über Menschen zu wissen, eine überraschende Tatsache, auf die ich später eingehen werde.

Noch vor gar nicht langer Zeit erkannten viele Wissenschaftler der

Wahrnehmungswelt des Babys keinerlei Bedeutung zu, nicht einmal Bedeutung im Sinne des *Sehens*, daß ein Stein *hart* ist. Manche gaben mit Vergnügen zu bedenken, daß „hart" in den Bereich des Fühlens gehöre, da uns nur dieser Sinn über das Hartsein eines Steins informiere. Die Überlegung war: Wir mögen zwar behaupten zu sehen, daß etwas hart ist, doch sagen wir damit in Wirklichkeit, daß wir etwas sehen, dessen Härte uns bekannt ist, weil wir es nämlich schon einmal berührt haben. Wenn das stimmte, würden sehr junge Babys nicht wissen, welche Dinge hart sind und welche nicht. Viele Psychologen haben über das Kleinkind geschrieben, als lebe es in einer visuellen Welt immaterieller Bilder ohne jede Aussagekraft. Man schilderte seine visuelle Welt als eine, die mit der Welt der Berührung, der Welt des Hörens, der Welt des Riechens überhaupt nichts zu tun hat. Man nahm an, das Baby sei außerstande, Informationen von zwei oder mehr Sinnesorganen zu koordinieren, womit ihm etwas versagt wäre, was wir Erwachsenen für selbstverständlich halten. Darüberhinaus glaubte man, der Wahrnehmungswelt des Babys fehle jegliche Beständigkeit, was bedeuten würde, daß die Wahrnehmung der Größe, der Farbe, der Position, ja selbst des Vorhandenseins von Objekten in Abhängigkeit von der sensorischen Beschaffenheit der Umgebung schwankt. Man überlege sich einmal, was es hieße, wenn Babys ohne die elementarsten Konstanten wie etwa die „visuelle Positionskonstanz" auskommen müßten. Wenn man eine Reihe von Objekten betrachtet, wird jedes Objekt regelhaft auf die Retina des Auges projiziert und diese Botschaft an das Gehirn weitergeleitet. So nimmt man die Objekte an ihrem Platze wahr. Wenn man das Auge bewegt, wird jedes der Objekte auf einen anderen Teil der Retina projiziert und von dort einem anderen Teil des Gehirns gemeldet. Ungeachtet dieser Veränderungen erblickt man die Objekte in konstanter Position. Unser Wahrnehmungssystem kompensiert die Augenbewegungen zugunsten der Positionskonstanz. Fehlte nun dem Baby solche Positionskonstanz, wie oft behauptet wurde, dann würde seine Welt in der Tat ein unberechenbares, unüberschaubares Gewoge schwankender Schatten sein.

Wichtig ist hier der Hinweis, daß derlei Argumente meist von Philosophen am Schreibtisch ersonnen wurden. Ihre „Daten“ stammten nicht aus Beobachtungen an Babys. Doch mag es auch an Beweisen mangeln – das Alter hat diesen Ideen zu Ansehen verholfen. Wissenschaftler der verschiedensten Denkschulen steuerten Bekräftigendes bei. Evolutionsbiologen waren schon seit geraumer Zeit auf der Suche nach einer Erklärung für die längere Dauer der Kindheit beim Menschen. Die Jungen der meisten anderen Spezies können bereits auf eigenen Füßen stehen, wenn Menschenkinder noch längst nicht soweit sind. Man hat darauf hingewiesen, eine ausgedehnte frühe Kindheit sei erforderlich, weil der Mensch mit einem nichtfunktionalen Gehirn (und folglich mit einem nichtfunktionalen Wahrnehmungssystem) auf die Welt komme, das erst Übung durch Erfahrung funktionstüchtig mache. In dieser Übungsperiode braucht der unreife Organismus Pflege und Betreuung, und dies eben begründe die Notwendigkeit einer langen Kindheit. Diese Argumentation übersieht die Faustregel, daß das Neugeborene einer Spezies um so tauglicher ist, je tauglicher die Spezies im Erwachsenenalter ist. Falls wir es bei der Spezies Mensch nicht mit einer eklatanten Ausnahme zu tun haben, dürften wir nach dieser Regel vom menschlichen Neugeborenen ein hohes Maß an Tauglichkeit erwarten. Freilich, sonderlich tauglich und fähig sehen Menschenbabys nicht aus, und Neurologen haben darauf hingewiesen, daß sich das Gehirn des Babys von dem des Erwachsenen unterscheidet: Die Zellen sind kleiner und die Verbindungen zwischen ihnen schlecht isoliert. Aber es wäre doch ein wunderlicher Gedanke, daraus zu folgern, daß das Gehirn des Babys überhaupt nicht arbeite. Für einen solchen Schluß wissen wir einfach zu wenig über die Zusammenhänge zwischen Gehirnstruktur und Gehirnfunktionen. Zweitens liegt auf der Hand (und wird sich später noch klarer erweisen), daß das Gehirn eines neugeborenen Babys schon mancherlei bemerkenswerte Wahrnehmungsfähigkeiten unterstützt.

Diese altbackenen Vorstellungen von der Wahrnehmung des Kindes fußen auf allgemeinen philosophischen und biologischen Erwägungen. Sie sind plausibel und wohlbekannt, bringen aber Hypothesen über die Fähigkeiten des Neugeborenen ins Spiel, die sich nicht auf unmittelbare Untersuchung seiner Fähigkeiten gründen. Unsere Aufgabe besteht also darin, die Wahrnehmungswelt des Kindes direkt in Augenschein zu nehmen. Diese Welt wird zweifellos anders sein als unsere, doch durch sorgfältig geplante Beobachtungen können wir über sie eine Menge in Erfahrung bringen.

Kapitel 2
Einige komplexe Wirkungen des bloßen Wachstums

Da zwischen den Systemen des Erwachsenen und denen des Babys einige physisch-strukturelle Unterschiede bestehen, gibt es natürlich auch Unterschiede zwischen unseren Wahrnehmungen der Welt und denen, die das Baby über dieselbe Welt macht. Wir haben sechs Sinnesnervensysteme. Die ersten fünf davon entsprechen dem Tastsinn, dem Geschmackssinn, dem Gehörsinn und dem Gesichtssinn. Der sechste ist die Selbstwahrnehmung, die uns sagt, wo sich die beweglichen Teile unseres Körpers im Verhältnis zu den übrigen befinden (zum Beispiel, unsere Hände in Beziehung zueinander, zum Kopf, zum Rumpf usw.). Alle diese Sinne besitzen die gleiche Oberflächenstruktur, bestehend aus spezialisierten, peripher wirkenden Rezeptoren, die über ein Nervennetz mit dem Gehirn zusammenhängen.

Die Nase ist mit Geruchsrezeptoren ausgekleidet, der Mund mit Geschmacksrezeptoren. Hinsichtlich dieser Rezeptorensysteme bestehen zwischen Erwachsenen und Babys keine großen Unterschiede, wenn man davon absieht, daß das Baby weniger Rezeptoren hat als wir und vermutlich nicht so fein differenzieren kann wie wir. Aber Veränderungen der Körpergröße haben eine Bedeutung, die leicht übersehen wird, wenn wir uns nur auf die Rezeptoren konzentrieren.

Der Tastsinn ergibt sich aus einem komplexen Rezeptorensystem in der Haut. Der Hauptunterschied zwischen uns und einem Baby besteht nun darin, daß die Hautoberfläche eines Erwachsenen natürlich viel größer ist als die des Babys. Ein Punkt auf der Brust eines Erwachsenen wird ein gewisses Stück vom Brustbein, ein gewisses Stück von der Schulter usw. entfernt sein. Beim Baby ändert sich das Verhältnis jeder Körperstelle zum restlichen Körper durch das Wachstum ganz enorm. Das mag unwichtig sein, doch könnte das rasche Hautwachstum beim Baby bedeuten, daß es sich bei einer Berührung über deren Einwirkungsort auf seiner Haut generell nicht klar ist.

Dieselbe wachstumsbedingte Ungewißheit könnte die Genauigkeit der Selbstwahrnehmung (Propriozeption) beeinträchtigen. Die „Propriorezeptoren" liegen in unseren Gelenken und sprechen grundsätzlich auf den Winkel zwischen zwei Knochen an. Ob diese Information dem Baby genau sagen kann, wo sich beispielsweise seine Hand befindet, ist unklar; denn sein Arm wächst unaufhörlich. Kann das Baby über die Länge seines eigenen Armes Bescheid wissen und Veränderungen darin verfolgen? Wie wir später sehen werden, läßt sich diese scheinbar so simple Frage nicht ohne weiteres beantworten.

Das Ohr des Babys ähnelt in seinen fundamental-physischen Bauaspekten weitgehend dem des Erwachsenen, nur ist es kleiner. Der Größenunterschied führt dazu, daß das für das Baby hörbare Schallspektrum etwas von dem des Erwachsenen abweicht: Das Baby kann höhere Geräusche (zum Beispiel ein hohes Pfeifen) besser hören als wir. Aber das ist kein großer Unterschied. Der wichtigste Unterschied zwischen Baby und Erwachsenem ergibt sich überhaupt nicht aus dem Innenbau des Ohres, sondern besteht im Abstand zwischen den beiden Ohren, der für die Schallquellenortung wichtig ist. Da wir zwei Ohren besitzen, die ein gewisses Stück voneinander entfernt sind, werden Schallereignisse von einer Schallquelle, die sich zu unserer Rechten oder Linken befindet, ein Ohr früher erreichen als das andere, während Schallereignisse von direkt vor uns liegenden Schallquellen an beide Ohren gleichzeitig gelangen. Die Ankunftszeitdifferenz steht in direkter Beziehung zur Abweichung von der Geradeaus-Frontal-Position. Bestimmt wird diese Differenz naturgemäß von der Distanz zwischen den beiden Ohren sowie von der Position der Schallquelle. Das Problem besteht für das Baby nun darin, daß diese Distanz bei seiner Geburt viel kleiner ist, als sie später sein wird, wenn es erwachsen ist (vgl. Abb. 1). Was folgt daraus? Das Signal, welches eine geradeaus-frontal liegende Schallquelle spezifiziert, ändert sich nicht im Zuge des Wachstums. Ebenso gilt: Eine Schallquelle zur Rechten wird immer das rechte Ohr vor dem

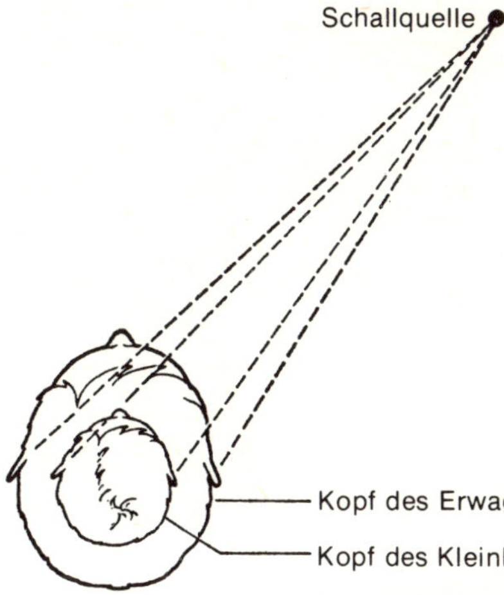

Abbildung 1: Da der Kopf des Kleinkindes soviel kleiner ist als der des Erwachsenen, ist auch der Zeitunterschied in der Ankunft des Schalles an dem einen und an dem anderen Ohr viel geringer.

linken stimulieren, eine Schallquelle zur Linken immer das linke Ohr vor dem rechten. Also gibt es keinen Grund, weshalb ein Baby nicht über eingebaute Mechanismen verfügen sollte, die ihm diese Schallquellenpositionen bezeichnen. Jedoch die genaue Rechts- oder Linksposition hängt von Informationen ab, die sich wachstumsbedingt fortlaufend ändern. Es ist sehr möglich, daß es auch eingebaute Mechanismen gibt, die für diese Probleme zuständig sind. Auf der Grundlage dessen, was wir über sensorische Strukturen wissen, scheint allerdings die Annahme gerechtfertigt, daß das Baby die präzise Bedeutung einer Ankunftszeitdifferenz erlernen muß und sie, sobald es sie erfaßt hat, immer wieder von neuem zu erlernen hat, da ja sein Kopf größer wird.

Nun kommen wir zum komplexesten aller Sinnesnervensysteme, nämlich zum Auge und seinen angekoppelten Nervenstrukturen. Das Auge ist ein außerordentlich verzwicktes und komplexes Organ (Abb. 2). Die Lichtstrahlen fallen durch die Hornhaut ins Auge, gehen durch die vordere Kammer und von dort durch die Pupille zur Linse. Die Linse ist ein weiches, transparentes Gewebe, das sich strecken und abflachen oder verkürzen und verdicken kann. Dadurch kommt die Feineinstellung zum Bildempfang zu-

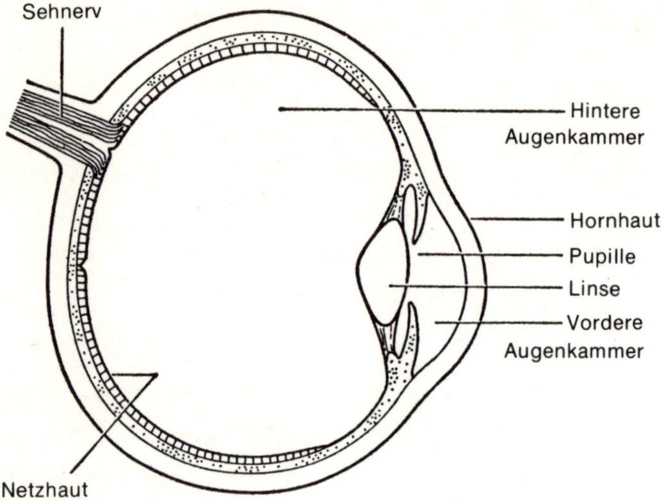

Abbildung 2: Das Auge des Erwachsenen. Die Linse richtet das Licht auf die Netzhaut, wo Zellen, die auf unterschiedliche Wellenlängen und Muster des Lichtes ansprechen, Signale durch den Sehnerv zum Gehirn schicken.

stande, die es ermöglicht, daß wir Objekte in unterschiedlichen Entfernungen scharf abgebildet sehen. Die Linse richtet das Licht auf die Netzhaut, die dünne innerste Wandschicht des Augapfels. Die Nervenzellen in der Netzhaut sind lichtfleckempfindlich. Jede Nervenzelle auf der nächsten Auswertungsebene im Gehirn empfängt Botschaften von einigen dieser Netzhaut-Nervenzellen und spricht am besten auf Linien oder lange Kanten in bestimmten Orientierungen an. Eine Anzahl dieser Nervenzellen sind mit der nächsten Ebene verknüpft, wo Nervenzellen auf Bewegungen von Linien in bestimmten Orientierungen in bestimmten Richtungen ansprechen. Es gibt weitere Ebenen, die offenbar für Größeneindrücke empfänglich sind, und noch andere, die auf bestimmte Unterschiede in den Signalen von den beiden Augen reagieren. Im Zusammenhang mit der Wahrnehmungswelt des Kindes ist für uns hier wichtig, daß bei allen bislang untersuchten Spezies, namentlich solchen, die dem Menschen nahestehen, diese Strukturen im Sehsystem von der Geburt an vorhanden sind. Wir haben allen

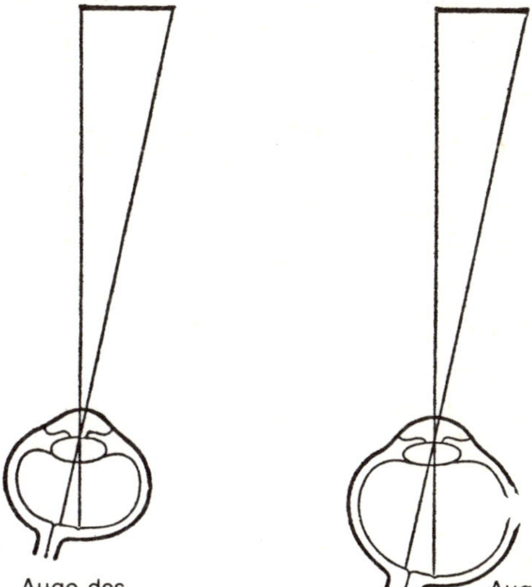

Abbildung 3: Dasselbe Objekt erzeugt für das flachere Auge des Kleinkindes ein kleines Bild und für das tiefere Auge des Erwachsenen ein größeres Bild.

Anlaß zu glauben, daß das auch vom neugeborenen Menschen gilt. Bei der Geburt müßte das Baby ein sehr leistungsfähiges Sehsystem haben, da es kraft der soeben erwähnten Strukturen eine Menge nützlicher Informationen aufzunehmen vermag.

Nun gibt es indessen einige Wachstumseffekte, die die Aufnahmefähigkeit des Sehsystems beim Baby in bezug auf die Informationsart beschränken könnten. Die Grundstrukturen sind dieselben, aber es bestehen doch einige bedeutsame Unterschiede zwischen dem Auge des Erwachsenen und dem des Babys. Vor allem ist folgendes wichtig: Die Linse, die beim Erwachsenen ihre Form ändern kann, damit das Auge Objekte in unterschiedlichen Entfernungen jeweils scharf erfaßt, verändert sich beim Baby nicht. Folglich ist das Bild auf der Netzhaut des Babys etwas verschwommener als typischerweise auf der Netzhaut des Erwachsenen. Im schlimmsten Falle kann also das Baby manches nicht sehen, was der Erwachsene ohne weiteres sieht.

Zudem ist das Auge des Babys etwas kürzer oder flacher als das

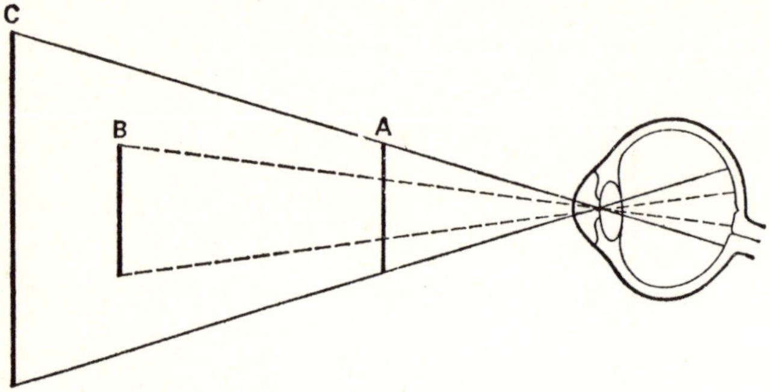

Abbildung 4: Größenkonstanz. Obwohl die Netzhautbilder von A und C dieselben sind, sieht ein Erwachsener A und B gleich groß und beide kleiner als C.

des Erwachsenen (Abb. 3), was bedeutet, daß die Größe des Netzhautbildes eines Objekts in einer bestimmten Entfernung wesentlich geringer ist. Die wahrgenommene Größe eines Objekts hängt mit der Größe dieses Bildes zusammen. Der Mechanismus zur Wahrnehmung von Größe, der Bildgröße in eine Repräsentation der Objektgröße umsetzt, unterliegt demnach Wachstumsveränderungen. Das Baby müßte erkennen können, daß zwei Objekte gleich groß sind, oder daß eines größer ist als das andere. Aber wenn es um die Auswertung von Informationen über die *absolute* Größe geht, hat es Schwierigkeiten. Nehmen wir einmal an, das Baby sieht ein Objekt und möchte danach greifen. Dafür wird seine, auf der Bildgröße beruhende, Wahrnehmung der Größe des Objekts wahrscheinlich nicht akkurat genug sein. Denn da die Größe des Objekts mit der Größe der Hand, die ihrerseits wächst, in Einklang gebracht werden muß, stecken in den Wahrnehmungskomponenten dieses Vorgangs zwei Fehlerquellen, die sich höchstwahrscheinlich nur durch Lernen ausschalten lassen werden.

Freilich hängt die Größenwahrnehmung von mehr als nur von der Bildgröße ab. Die Größe des Bildes, das von einem Objekt einer gegebenen Größe entsteht, ändert sich mit der Entfernung (Abb. 4). Erwachsene nehmen Größe als konstant wahr, ungeachtet solcher Veränderungen der Distanz und daraus resultierender Ver-

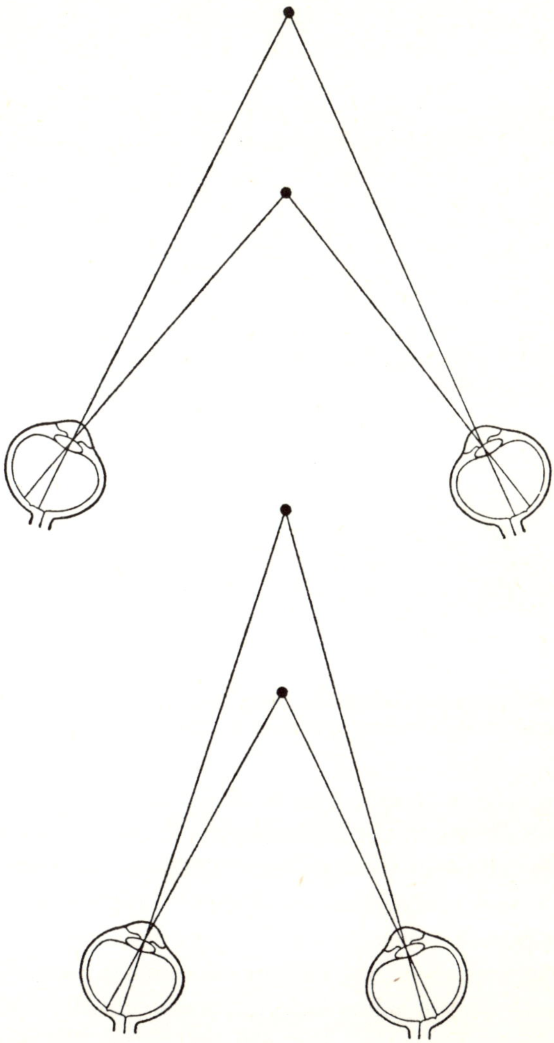

Abbildung 5: Entfernungschätzen. Wenn ein Objekt näherkommt, konvergieren die Augen, aber der Konvergenzwinkel hängt von der Distanz zwischen den Augen sowie von der Distanz zwischen den Augen und dem Objekt ab.

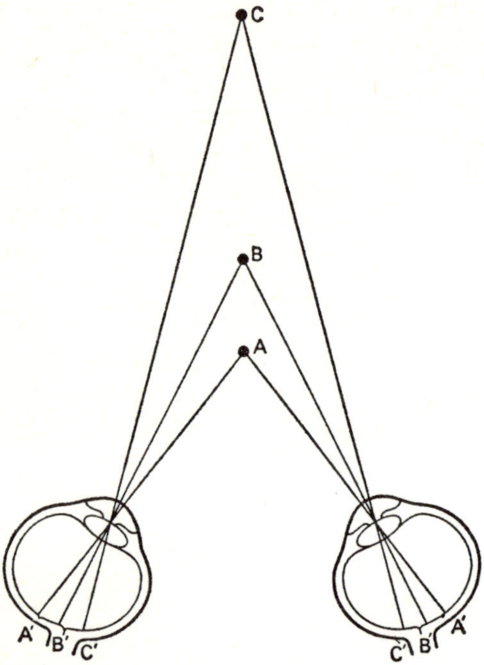

Abbildung 6: Welches Objekt ist das nähere? Das Bild auf der einen Netzhaut ist das Gegenteil des Bildes auf der anderen Netzhaut.

änderungen der Bildgröße. Dies bedeutet: Erwachsene koordinieren Informationen über Entfernung und Informationen über die Bildgröße und erhalten so eine Vorstellung von der realen Größe. Wenn wir also das Problem der Größenwahrnehmung verstehen wollen, müssen wir auch etwas über das Entfernungssehen wissen. Kann man annehmen, daß Babys Entfernungen „sehen"?

Über Entfernungen geben viele Informationsquellen Auskunft. Eine ist unser beidäugiges (binokulares) Sehen. Wenn wir Objekte aus unterschiedlichen Entfernungen betrachten, ändert sich der Winkel zwischen unseren beiden Augen, wie Abb. 5 zeigt. Dabei hängt der Winkel natürlich von der Distanz zwischen den beiden Augen sowie von der Distanz zwischen den Augen und dem Objekt ab, und die erstgenannte Distanz ändert sich im Laufe der Entwicklung drastisch. Diese Folgen des Wachstums legen den

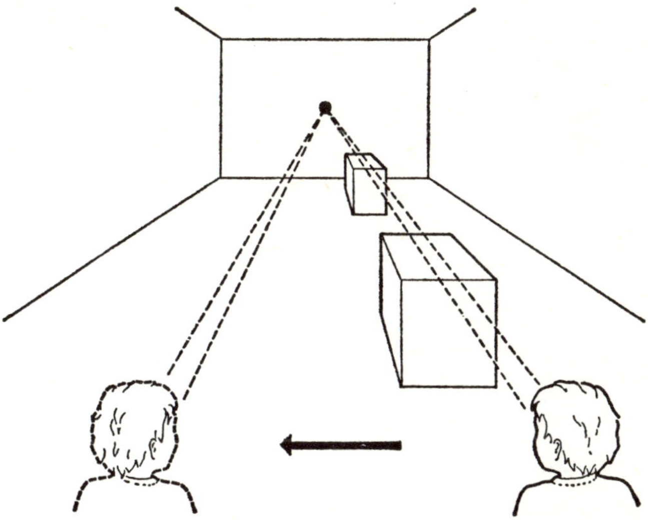

Abbildung 7: Bewegungsverschiebung. Wenn man den Kopf nach links bewegt, scheint ein näheres Objekt sich weiter und schneller nach rechts zu bewegen als ein weiter entferntes Objekt.

Schluß nahe, daß das Baby lernen muß, den Konvergenzwinkel zwischen Auge und Objekten als Quelle für Informationen über die Entfernung auszunutzen.

Dem Umstand, daß wir zwei Augen besitzen, verdanken wir auch Informationen über relative Entfernungen. Diese *nicht* wachstumsabhängige Informationsquelle ist die „binokulare Disparität". Man kann sich das ganz einfach verdeutlichen, indem man in einigem Abstand die beiden Daumen hintereinander vor die Augen hält. Wenn man erst das eine Auge schließt, dann das andere, sieht man klar die nichtkorrespondierenden Distanzen. Der wahrgenommene Abstand zwischen den Daumen ändert sich mit der Entfernung der Daumen von den Augen sowie mit der Entfernung der Daumen voneinander. Angenommen, wir betrachten ein 1 m entferntes Objekt. Ist ein Objekt näher oder weiter weg als 1 m, kommt es auf nichtkorrespondierende Stellen der Netzhaut beider Augen zur Abbildung. Das nähere Objekt liefert eine Eingabe, die das genaue Gegenteil des Musters ist, welches durch das entferntere Objekt entsteht (vgl. Abb. 6).

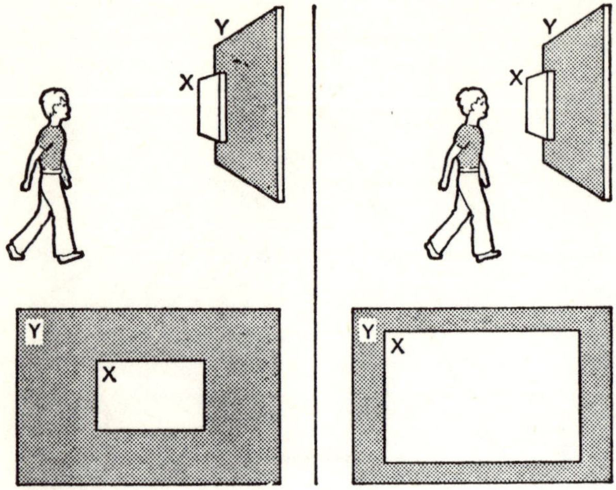

Abbildung 8: Optische Dehnung. Das Netzhautbild eines Objekts expandiert, wenn man sich dem Objekt nähert. Je näher das Objekt, desto größer die Expansion.

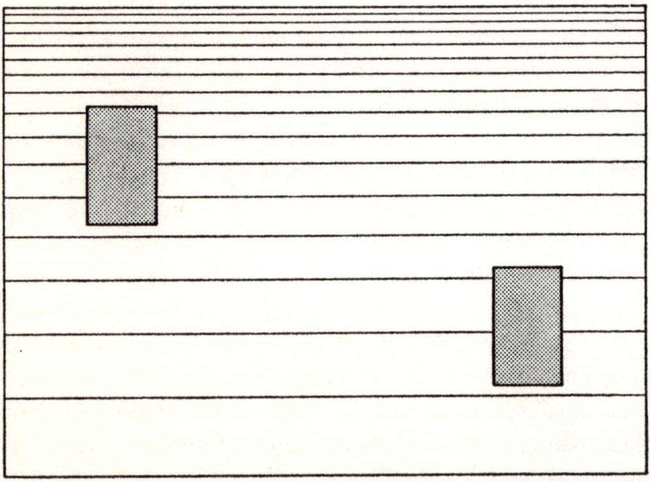

Abbildung 9: Abhebung von der Umgebung. Hier sind zwei Entfernungshinweise wirksam. Das eine Objekt steht in dem Rahmen höher und wird daher als weiter entfernt gesehen. Dieses Objekt okkludiert auch mehr Hintergrundtextur und scheint mithin weiter weg zu sein.

Es gibt noch viele andere Quellen für Entfernungsinformationen, die ebenfalls nicht wachstumsabhängig sind. So die Bewegungsverschiebung, die optische Ausdehnung und die Abhebung von der Umgebung (Abb. 7, 8 und 9). Die Bewegunsverschiebung beruht auf nichts weiter als der Fähigkeit, den Kopf zu bewegen. Die optische Ausdehnung beruht auf der Objektbewegung oder Eigenbewegung. Die Abhebung von der Umgebung scheint von Annahmen bezüglich der „Texturkonstanz" in der Welt abzuhängen. Die Textur der Welt im Zimmer unterscheidet sich von der der Außenwelt. Draußen unterscheidet sich ein gepflügtes Feld stark von einem Strand, und beide unterscheiden sich stark von einem Straßenpflaster. Abhebung von der Umgebung läßt sich als Entfernungshinweis in allen diesen Situationen benutzen, aber nur, wenn man etwas über spezifische Texturen weiß. Die beiden anderen Informationsquellen erfordern solche Vorkenntnisse nicht und könnten daher vom Baby ausgewertet werden.

Alles in allem gibt es also mehrere Gründe für die Annahme, daß Neugeborene Entfernung wahrnehmen können, auch wenn es ihnen nicht ganz so gut gelingt wie Erwachsenen. Im folgenden Kapitel werden wir sehen, daß sich diese Annahme auf einige direkte experimentelle Nachweise stützen kann.

Kapitel 3
Wahrnehmen von Dingen, Wahrnehmen von Menschen

Babys sind sehr kompetente Wesen, aber wenn man diese ihre Tauglichkeiten prüfen will, zeigen sie sich meist nicht sehr kooperativ. Zum Teil erklärt sich dieser Mangel an „Entgegenkommen" aus Begrenztheiten, die keine unmittelbaren Reflektionen ihrer Wahrnehmungsfähigkeit sind. So bleiben Neugeborene beispielsweise nicht sehr lange wach – sechs Minuten volles Wachsein sind ungefähr das, was man erwarten darf. Erschwerend wirken sich bei kleinen Babys ferner Probleme der körperlichen Haltung, Stellung und Lage aus. Wenn das Baby flach auf dem Rücken liegt, muß es sein Gleichgewicht mit Hilfe von Kopf- und Armbewegungen wahren. Hinzukommt, daß wir die Mitarbeit eines Babys nur gewinnen können, indem wir sein Interesse wecken und fesseln, und das ist nicht einfach. Was wir interessant finden, braucht nicht unbedingt auch das Baby zu interessieren. Die Welt des Babys ist nicht die unsere. Wenn wir das Interesse eines Babys erregen wollen, müssen wir zunächst herausbekommen, wie wir uns in seine Sicht der Welt einschalten können. Dazu bedarf es geduldiger Beobachtung und keines geringen Maßes an Phantasie. Wir werden sehen, daß Untersuchungen der Wahrnehmungswelt des Babys auf eine Reihe wohlüberlegter Vermutungen hinauslaufen. Jedes Experiment erweitert unseren Wissensschatz, indem es eine Vermutung bestätigt oder widerlegt und uns damit dem Ziel, die Welt mit den Augen, den Ohren, dem Geschmacks- und Tastsinn des Babys zu erfahren, einen Schritt näherbringt.

Wie ist also die Wahrnehmungswelt des Neugeborenen beschaffen? Wie gut organisiert es die Informationen, die auf seine Sinnesorgane eindringen? Gleich zu Beginn sei angemerkt, daß wir es mit einem ganz erstaunlichen Quantum an Organisation zu tun haben. Selbst die im letzten Kapitel umrissenen biologischen

Hilfsmittel scheinen nicht auszureichen, um die vom Neugeborenen gezeigten Fähigkeiten zu erklären. Nehmen wir den einfachen Tastsinn. Die Haut ist ein Organ, welches wächst, und die spezifischen Rezeptoren in der Haut ändern ihre Position im Zuge des Wachstums. Gleichwohl scheint das Neugeborene zu wissen, an welcher Stelle seine Haut berührt wird, und es demonstriert dieses Wissen, wenn es die Berührung als irritierend empfindet. Vor langer Zeit wies J. B. Watson nach, daß ein Neugeborenes einen störenden Reizfaktor an der Nase mit der Hand oder am Bein mit dem anderen Fuß entfernen kann (1)*. Diese Fähigkeiten sind erstaunlich, wenn man bedenkt, welche Probleme das Hautwachstum mit sich bringt und welche Wachstumsprobleme Veränderungen der Arm- und Beinlängen für das propriozeptive System aufwerfen. So trivial sie erscheinen, sie verraten ein eindrucksvolles Maß an naturgegebener Organisation.

Der spezialisierteste Hautsinn ist das Schmecken. Babys haben (wie die meisten Erwachsenen) eine Vorliebe für süße Substanzen und werden sie nahrhafteren, aber weniger süßen – etwa der Muttermilch – vorziehen. Darüberhinaus wissen wir nicht viel über den Geschmackssinn.

Wie steht es mit dem Riechen? Unstreitig ist bei Babys zu beobachten, daß sie bestimmte Gerüche lieber mögen als andere, und daß sie sich vor manchen ekeln. Sie können Geruchsquellen lokalisieren und wenden sich schon sehr bald nach der Geburt von ihnen unangenehmen Gerüchen ab. Ferner können Babys Gerüche „abschalten“, so daß sie nicht mehr registriert werden. Diese Fähigkeit, als Gewöhnung bezeichnet, ist für die Entwicklung aller Sinnesnervensysteme ungemein wichtig. Gewöhnung ist nicht einfach das Ermüden der Sinnesrezeptoren. Vielmehr scheint sich folgendes abzuspielen: Wenn sich ein Geruch oder irgendein anderer Reiz wiederholt, baut sich im Wahrnehmungssystem des Babys eine innere Repräsentation, ein Schema, des Reizes auf. Nach einer Weile wird jeder Reiz, der diesem Schema entspricht, automatisch blockiert und gelangt nicht mehr ins Bewußtsein. Dieser spezifische Ausschaltungsprozeß zeigt sich eindeutig in ei-

* Diese Ziffern verweisen auf die Literaturangaben S. 93f.

nem Versuch, bei dem man Babys eine Mischung aus zwei duftenden (wohlriechenden) Chemikalien darbot. Zuerst wandten sie sich dem Duft jedesmal zu, wenn er präsentiert wurde. Nach ein paar Durchgängen jedoch hatten sie sich an die Reizquelle gewöhnt und sprachen nicht mehr auf sie an. Dann führte man einen neuen Geruch ein, der dadurch entstand, daß man eine Chemikalie in der Originalmischung durch Wasser ersetzte, wodurch die Gesamtkonzentration im Vergleich zur vorigen schwächer wurde. Wäre Gewöhnung nun einfach eine Sache des Nachlassens durch Ermüdung, so hätten die Babys auf den neuen Geruch wohl eher weniger ansprechen müssen als auf die ursprünglichen, stärkeren Konzentrationen. Indessen rief der neue, schwächere Reiz bei ihnen eine starke Reaktion hervor. Gewöhnung ist also nicht einfach ein Ermüden des Sensoriums. Vielmehr muß sie aus dem Aufbau eines inneren Schemas resultieren, das dazu dient, bestimmte Reize auszuschalten.

Das Hören ist noch verhältnismäßig wenig erforscht. Allerdings verdient eine bestimmte Untersuchung besondere Aufmerksamkeit. Michael Wertheimer befaßte sich mit der Schallquellenortung eines Babys wenige Augenblicke nach der Geburt (2). Im letzten Kapitel habe ich gesagt, das Neugeborene vermöge wahrscheinlich zu unterscheiden, ob sich eine Schallquelle geradeausfrontal vor ihm befindet oder woanders, und es könne eine Schallquelle zu seiner Rechten oder Linken lokalisieren, ohne imstande zu sein, ihren Ort genau zu bestimmen. Wie Wertheimers Versuchsergebnisse zeigen, ist das in etwa richtig. Interessant war nun an seiner Studie die Methode der Beweisführung. Nach Wertheimers Vermutung könnten die Augenbewegungen des Babys als Anhaltspunkte für seine Wahrnehmung einer Schallquelle dienen, und tatsächlich stellte er in seinem Experiment fest, daß das Baby nach rechts blickte, wenn das Geräusch von rechts kam, und nach links, wenn es dort ertönte. Ähnliches haben andere Forscher beobachtet, deren Versuchspersonen allerdings nicht mehr nur ein paar Sekunden, sondern schon Stunden alt waren. In diesen Resultaten zeigt sich also nicht nur eine gehörsmäßige Richtungsbestimmung, sondern auch eine Erwartung, daß etwas da sein wird, was man *sehen* kann, nämlich eine Quelle des Geräusches. Wir

scheinen hier auf eine einfache Form von intersensorischer Koordination, die von Geburt an vorhanden ist, gestoßen zu sein.
Die visuellen Fähigkeiten des Neugeborenen sind viel besser entwickelt, als uns gängige Volksweisheiten über Kleinkinder erwarten lassen würden. Da das Sehen so wichtig ist, hat man diese Fähigkeiten auch relativ besser erforscht als die anderen Sinne. Lange stritt man sich darüber, ob Neugeborene die Welt in der Tiefendimension oder anfangs nur als flaches Bild auf der Augenoberfläche sehen, das heißt, sie so ähnlich wahrnehmen, wie eine Berührung an der Haut gespürt wird. Heute scheint ziemlich klar zu sein, daß die Seherfahrung des Babys gleich zu Anfang eine dreidimensionale ist. Kleinkinder können die Position eines Objektes im dreidimensionalen Raum ebenso wie Positionsveränderungen im Raum erfassen. Diese Fähigkeit beweist das Kleinkind unter anderem damit, daß es beim Näherkommen von Gegenständen geeignete Abwehrreaktionen leistet.
In meinen eigenen Forschungen auf diesem Gebiet verdanke ich insbesondere der Kinderärztin Mary Sheridan wesentliche Anregungen. Sie sagte mir, daß man sehende Babys von blinden Babys daran unterscheiden kann, daß die sehenden auf ein reales Objekt, das sich dem Gesicht nähert, eine Abwehrreaktion zeigen, die blinden aber nicht. In gewisser Beziehung war das ein überraschendes Resultat. Da das im Test benutzte Objekt ein wirkliches ist, verdrängt seine Bewegung Luft, und das können sowohl blinde als auch sehende Babys fühlen. Dennoch gibt es die Abwehrreaktion nur bei sehenden Babys. Offenbar löst der Anblick des näherkommenden Objektes die Reaktion aus. Um das gründlicher zu untersuchen, gestalteten meine Kollegen und ich drei Laborsituationen, in denen wir Objektbewegung mit Luftbewegung, Luftbewegung allein und Objektbewegung allein darboten. Das mehrfache Hervorlocken der Abwehrreaktion in ihrer vollen Form bereitet Schwierigkeiten, weil die meisten Babys nicht kräftig genug sind, um die erforderliche Körper- und Kopfhaltung länger beizubehalten. Deshalb stützten wir die Babys so ab, daß sie keine großen Kopfbewegungen machten, während wir mit einem Druckmeßwertwandler die Abwehrreaktion als Rückwärtsdruck des Kopfes aufzeichneten.

Die erste Versuchsanordnung – Objektbewegung mit Luftbewegung – erbrachte eine unmißverständliche Abwehrreaktion der Babys. Nicht nur drückten sie den Kopf nach hinten, sondern sie hoben auch die Hände vors Gesicht. Auf Luftbewegung allein reagierten sie völlig anders, und zwar ohne meßbares Zurückziehen des Kopfes. Sichtbare Objektbewegung allein ohne Luftbewegung rief die Abwehrreaktion hervor. Die Reaktion war etwas schwächer als bei vorhandener Luftbewegung, jedoch immer noch deutlich erkennbar. Zweifellos spielt das sichtbare Näherkommen eines bewegten Objektes eine wichtige Rolle im Auslösen der Abwehrreaktion. Demnach muß das Kleinkind die wechselnden Positionen sichtbarer Dinge, die sich im Raum bewegen, wahrnehmen können.
Mit Hilfe der Abwehrreaktion hat man auch andere Aspekte des Raumerlebens bei sehr kleinen Babys aufgedeckt. Zum Beispiel deutet manches darauf hin, daß Babys bestimmte Entfernungen unterscheiden können, also nicht bloß Entfernungsveränderungen wahrnehmen. Wenn man Objekte auf Babys zubewegt, kommt die Abwehrreaktion erst, wenn sich die Objekte bis auf eine gewisse, kritische Distanz genähert haben. Die Distanz wird nicht von der Größe des Objekts beeinflußt, obwohl ein größeres Objekt aus größerer Entfernung ein ebenso großes Netzhautbild erzeugt wie ein kleineres, aber näheres Objekt.
Auch hat man an derselben Reaktion gezeigt, daß Babys stark auf die Annäherungsrichtung von Objekten ansprechen. Nähert sich ein Objekt auf direktem „Frontal-Kollisionskurs“, so gibt es eine Abwehrreaktion, kommt es auf einer Schrägbahn von der Seite, bleibt die Reaktion aus (Abb. 10).
Ich möchte noch eine andere Fähigkeit erwähnen, die diese Abwehrreaktion untermauern könnte. Wie es scheint, handelt es sich bei der Abwehrreaktion nicht um einen einfachen Reflex wie den Kniesehnenreflex. Sie ist zugleich komplizierter und weniger automatisch. Es sieht mehr so aus, als werde diese Reaktion von höheren Rindenzentren gesteuert, die die komplexen Berechnungen vornehmen, aus denen sich ergibt, daß das Objekt hart ist, sich auf „Frontal-Kollisionskurs“ nähert und zu einer schmerzhaften Berührung führen könnte. Jane Dunkeld verglich die Reaktionen

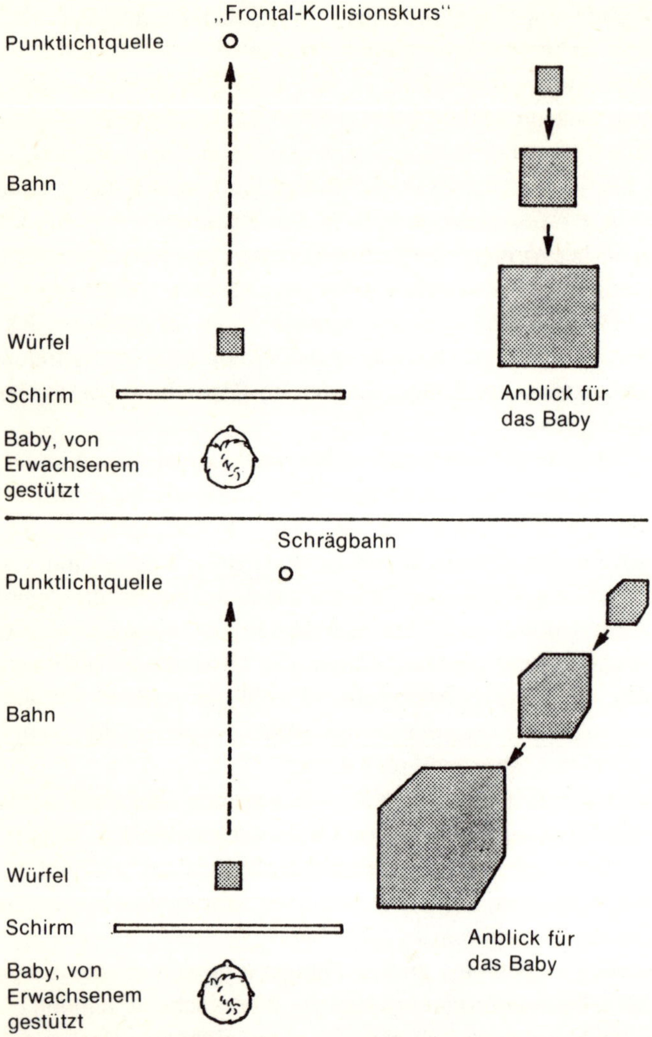

Abbildung 10: Wenn einem Baby Objekte präsentiert werden, die sich ihm anscheinend auf einem „Kollisionskurs“ frontal oder auf einer Schrägbahn von der Seite nähern, so kann es zwischen beiden recht gut unterscheiden.

von Babys auf ein näherkommendes Objekt mit ihren Reaktionen auf ein näherkommendes Loch. Hinsichtlich ihrer Umrißgröße

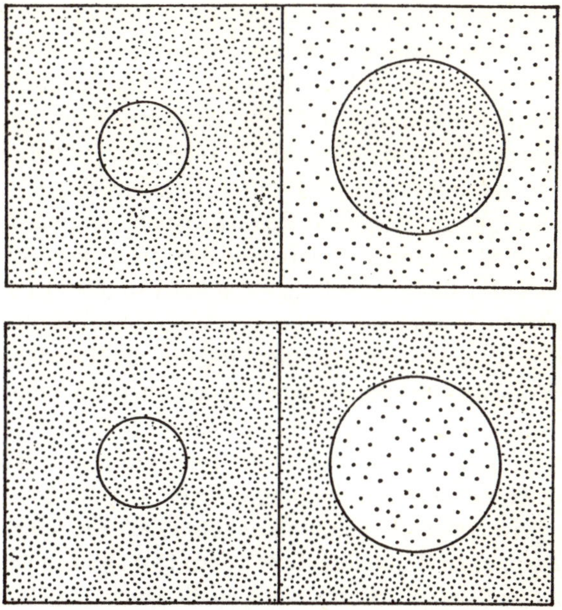

Abbildung 11: Beim Herangehen an ein Objekt zeigt sich, wie ein Objekt sich von der Umgebung abhebt, beim Herangehen an eine Öffnung zeigt sich, wie sie Textur offenbart.

sind die beiden identisch, und doch lockte nur das näherkommende Objekt Abwehrreaktionen hervor. Freilich ist ein Objekt wahrnehmungsmäßig etwas anderes als eine Öffnung (Abb. 11). Allem Anschein nach können Neugeborene diese Unterschiede erfassen und erkennen, daß die eine Wahrnehmung Leere signalisiert, die andere Härte und Festigkeit. Härte ist eine Eigenschaft, deren Kenntnis der Tastsinn vermittelt. Daß die Babys die Sichtbarkeit eines Ereignisses als Signal für mögliche Berührbarkeit und Härte aufzufassen verstehen, weist abermals darauf hin, daß sie in einer zusammenhängenden Wahrnehmungswelt leben und über ein gewisses Maß intersensorischer Koordination verfügen. Ferner hat man mit der Abwehrreaktion auf näherkommende Objekte eine der wesentlichsten Grenzen des noch unausgereiften Wahrnehmungssystems aufgezeigt. Wie es scheint, kann das Baby zwar Informationen über Ereignisse in der Welt aufnehmen, es kann sie aber nur sehr langsam verarbeiten. In der Objektannäherungssituation kann das Objekt so rasch herbeikommen, daß das Baby anscheinend nichts wahrnimmt. Offenbar überschüttet ein rasches Näherkommen das Sehsystem des Babys jäh mit zu vielen Informationen, die es nicht alle zugleich verarbeiten kann, so daß im Endeffekt gar nichts wahrgenommen wird.

Andere Aspekte der visuellen Raumwahrnehmung hat man anhand des sehr primitiven Greifverhaltens Neugeborener untersucht. Für Greif-Studien muß man das Baby so abstützen, daß es Kopf und Arme ungehindert bewegen kann, ohne sie als Stützen zu benötigen. Dann kann man ihm Objekte zum Greifen darbieten. Mit Vorsicht interpretiert, ist Griffsicherheit ein Indikator der Genauigkeit, mit der das Baby visuell lokalisiert. Natürlich besteht dabei immer das Problem, daß in der propriozeptiven Wahrnehmung der Hand- und Armstellung oder bei der Ausführung der Bewegung Irrtümer unterlaufen können. Doch wie ich schon im voraufgegangenen Kapitel sagte: Mit dem Tastsinn kann das Baby recht gut lokalisieren. Jedenfalls zeigen die Daten, daß kleine Babys imstande sind, die Position eines Gegenstands zu ihrer Rechten oder Linken so genau zu bestimmen, daß sie mit der großen Mehrzahl ihrer Greifbewegungen das Objekt entweder direkt erwischen oder doch nur um einen Zentimeter verfehlen – was keine schlechte Leistung ist. Babys sind durchaus bereit, nach Objekten zu greifen, die sich außerhalb ihrer Reichweite befinden, aber diese Bereitschaft ist bei ihnen viel geringer als die, nach Objekten innerhalb ihrer Reichweite zu greifen. Überdies scheinen sie rasch zu lernen, daß Objekte ab einer gewissen Distanz für sie nicht erreichbar sind. Auch hier ist eine innere, intersensorische Koordination zwischen Sehen und Berühren am Werke. Das Baby handelt, als wüßte es, daß das erblickte Objekt berührt werden kann.

Bislang haben wir besprochen, wie das Neugeborene die Welt der Dinge wahrnimmt. Obwohl die hier gezeigten Leistungen auf hohem Niveau stehen, verblassen sie neben der Präzision seiner Wahrnehmungen von Menschen zur Bedeutungslosigkeit.

Es liegen eine Reihe neuerer Studien über Imitation bei Neugeborenen vor. In einer Untersuchung setzt man das Baby seiner Mutter frontal gegenüber. Die Mutter streckt ihm die Zunge heraus.

Gewöhnlich starrt das Baby gespannt auf Gesicht und Zunge der Mutter und beginnt nach einer Weile, seinerseits die Zunge herauszustrecken. Wenn die Mutter dazu übergeht, dem Baby mit großem Lidschlag zuzuzwinkern, wird das Baby sehr bald dasselbe tun. Wenn sie hierauf den Mund öffnet, öffnet ihn das Baby ebenfalls.

Vergegenwärtigen wir uns einmal, was für eine komplexe Leistung das ist. Zuerst muß das Baby den einschlägigen Teil des mütterlichen Gesichts herausfinden. Das ist schon komplex genug. Aber noch komplexer ist die Aufgabe, die Zunge der Mutter als eine Zunge zu erkennen. Das Baby erfaßt, daß seine Zunge – die es nur daher kennen kann, daß es sie in seinem Munde und zwischen seinen Lippen spürt – der Zunge der Mutter entspricht, die es erblickt. Und das ist nun wirklich erstaunlich. Es bedeutet nämlich, daß das Baby von Teilen seines Körpers eine wahrnehmungsmäßige Vorstellung hat, die immerhin so entwickelt ist, daß es Teile seines Körpers mit Teilen der Körper anderer Menschen identifizieren kann. Das nenne ich einen Gipfel intersensorischer Koordination! Schließlich sprechen wir ja hier von neugeborenen Babys, die sich selbst noch nie im Spiegel betrachtet und noch keinerlei Selbstentdeckung betrieben haben, wie sie Erwachsenen möglich ist. Diese Nachahmungsgabe impliziert viel mehr als ein Wahrnehmen. Sie legt unter anderem den Schluß nahe, daß das Neugeborene eine gewisse Identität zwischen ihm selbst und seinen Betreuungspersonen erkennt. Offenbar fühlt es sich von Anfang an als Angehöriger der menschlichen Spezies.

Die Leistungskraft und Präzision seines Hörsystems beweist sich beim Baby am deutlichsten in einem sozialen Kontext. So unglaublich es klingt, Neugeborene zeigen eine „interaktionale Synchronisierung“, ein Kommunikationselement, dessen wir uns alle in gewissem Grade bewußt sind. Wenn sich zwei Erwachsene miteinander unterhalten, hat das nicht mit dem Reden sein Bewenden. Vielmehr vollführen sie eine Art „Tanz“, in dem sie „Takt“ und miteinander Schritt halten. Vor allem bewegen sich beide synchron mit den Einheiten der Rede des jeweils sprechenden Partners. (Die Bewegungen sind außerordentlich schwach und ohne Einzelbildanalyse sehr schwer festzustellen.) Die Einheiten nennt man Phoneme. Bei Erwachsenen beginnen und enden Bewegungen in der interaktionalen Synchronisation mit diesen Zäsuren. Solche interaktionale Synchronisation ist schon bei wenige Stunden alten Neugeborenen zu beobachten: Auch ihre Bewegungen beginnen und enden mit Phonem-Zäsuren, und dies offenbar in jeglicher Sprache. Das deutet auf eine erstaunliche Fähigkeit, den Strom der Laute einer Sprache in seine Komponenten zu zerlegen – ein Gebiet, auf dem das Neugeborene uns Erwachsenen durchaus überlegen sein könnte. Auch verrät sich hierin eine Prädisposition für ein soziales Verhalten, das heißt dafür, mit anderen Menschen zu interagieren, statt auf sie nur zu reagieren.

Bislang erörterten wir diejenigen Fähigkeiten, mit denen das Neugeborene sogleich nach seinem Eintritt in die Welt beginnen kann, diese Welt für sich zu organisieren. Außerdem aber verfügt es von Geburt an über eine Fähigkeit, die alle anderen Fähigkeiten an organisatorischem Einfluß übertrifft. Es ist die Fähigkeit, Zusammenhänge wahrzunehmen, und sie liegt der Lernfähigkeit zugrunde. Man hat darüber gestritten, ob Neugeborene lernen können oder nicht. Heute nun behaupten manche gar, der Mensch lerne in der Neugeborenenperiode besser als zu irgendeiner späteren Zeit.

In einer klassischen Studie von E. R. Siqueland und L. P. Lipsitt wurden folgende Zusammenhänge geschaffen: Sobald eine Klingel ertönte und das Baby den Kopf nach rechts drehte, bekam es einige Tropfen Zuckerwasser; wenn ein Summer ertönte, sollte es den Kopf nicht drehen (3). Das Schema des Experiments war also:

Klingel Kopf nach rechts drehen zum Zuckerwasser
Summer Kopf nicht drehen.

Dieses Prinzip konnten Babys schon am ersten Lebenstage befolgen. Dann vertauschte man die Kontingenzen, so daß das Schema entstand:

Klingel Kopf nicht drehen
Summer Kopf nach rechts drehen zum Zuckerwasser.

Darauf konnten sich die Babys sehr schnell umstellen, und zwar schneller, als es einem nichtmenschlichen Primaten gelungen wäre.

Dies ist einfaches Lernen dessen, was womit zusammenhängt. Aber es bewirkt schon innerhalb der ersten paar Lebenswochen

Veränderungen in der Wahrnehmungsorganisation. Ein schlagendes Beispiel für derartige Veränderungen bietet der Bereich der sozialen Wahrnehmung. In einem Experiment bot Genevieve Carpenter Babys im Alter von zwei Wochen folgende Situationen dar:

1. Ihre Mutter, die mit ihrer eigenen Stimme zu ihnen sprach;
2. Eine Fremde, die mit ihrer eigenen Stimme zu ihnen sprach;
3. Ihre Mutter, die mit der Stimme der Fremden zu ihnen sprach;
4. Eine Fremde, die mit der Stimme ihrer Mutter zu ihnen sprach (4).

Am attraktivsten fanden die Babys die erste Situation (Nr.1). Sie schauten die Mutter öfter an als die Fremde in der Situation Nr. 2 und zeigten damit, daß sie bereits in diesem Alter zwischen Mutter und Fremder unterscheiden können. Noch interessanter ist, daß sie die Situationen Nr. 3 und 4 überhaupt nicht mochten: Sie wandten sich aktiv von der Demonstration ab und suchten nach Kräften zu vermeiden, die bizarre Kombination von Anblicken und Geräuschen anzuschauen. Als bizarre Ereignisse konnten die Babys die Situationen Nr. 3 und 4 aber nur aus der Lernerfahrung erkennen, daß Gesicht und Stimme ihrer Mutter zusammengehören. Die Schnelligkeit, mit der sie diese Assoziation begreifen, legt den Schluß nahe, daß sie wahrscheinlich die ganze Zeit über ähnlich schnelle organisationsmäßige Assoziationen herstellen.

So beginnt das Kleinkind sein Leben mit der beeindruckenden Fähigkeit, seine Wahrnehmungen von Menschen und Dingen in sinnvolle Zusammenhänge ordnen zu können. Seine bemerkenswerte Lernfähigkeit läßt darauf schließen, daß die Welt seiner Wahrnehmungen sehr rasch an Bedeutung und Aussagekraft gewinnt. Gleichwohl haben diese erstaunlichen Fähigkeiten gewisse Grenzen, wie die meisten Eltern wohl auch vermuten würden. Mit diesen Grenzen wollen wir uns im folgenden eingehend beschäftigen.

Kapitel 4
Wieviel Wahrnehmung können Babys verarbeiten?

Obgleich das Neugeborene über ein bemerkenswert taugliches Wahrnehmungssystem verfügt, scheint die Menge der Informationen, die es gleichzeitig aufnehmen kann, sehr begrenzt zu sein. Diese Beschränkungen dauern an bis ins frühe Kindesalter.
Wie sie wirksam werden, möchte ich an einem meiner eigenen Lernversuche veranschaulichen. Durch Training wurden Babys dazu gebracht, um einer Belohnung („Guck-guck-Spiel") willen auf das in Abb. 12 rechts dargestellte Muster zu reagieren. Wenn

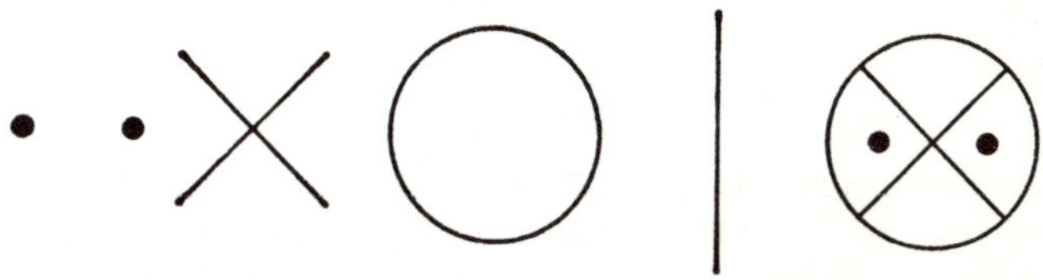

Abbildung 12: Diese Figuren habe ich in meinem Diskriminationsexperiment verwendet. Die Babys faßten die drei Figuren links als Äquivalente der Figur rechts auf.

die Babys durchweg reagierten, zeigte man ihnen jedes Teilstück des Musters separat. Sie reagierten auf diese Teile genauso prompt wie auf das Ganze. Den Unterschied schienen sie nicht zu bemerken. Ich möchte die Vermutung riskieren, daß die Babys infolge ihrer beschränkten Fähigkeit der Informationsverarbeitung nicht imstande waren, sich dem Muster als Ganzes zu widmen, wie es ihnen präsentiert wurde. Vielmehr sahen sie wohl jeweils nur einen Kreis oder ein Kreuz oder zwei Punkte. Wenn sie die Teile einzeln vorgeführt bekamen, sahen sie eben das, worauf zu reagieren man ihnen beigebracht hatte, und so reagierten sie denn. Ungefähr im

Alter von drei Monaten reagierten Kleinkinder auf Teile des Musters nicht mehr so, als seien diese identisch mit dem Ganzen. Anscheinend können Kleinkinder ab diesem Alter sämtliche Informationen in einem einfachen Muster berücksichtigen.

Bei komplizierteren Mustern wie einem menschlichen Antlitz mag es länger dauern, bis sie als Ganzes erfaßt werden. Darauf deuten manche Ergebnisse der vielen Versuche hin, in denen man herausfinden wollte, welche Reize beim Kleinkind Lächeln auslösen. Wenn Babys – etwa mit sechs Wochen – Menschen anzulächeln beginnen, bedarf es sicher nicht eines ganzen Gesichts, um das Kind zum Lächeln zu bringen. Zwei dunkle Punkte, nebeneinander angeordnet, genügen dazu. Auch angesichts einer ungefähr wie ein Antlitz gestalteten Umrißlinie, die sich bewegt, wird das Kind lächeln. Für das drei Monate alte Baby sind dann schon mehr Elemente des Gesichts wichtig geworden, und nach manchem Material zu urteilen, beginnt das Kleinkind etwa um diese Zeit, das Ganzantlitz-Muster zu erfassen. Beispielsweise wird ein aufrechtstehendes Gesicht mehr Lächeln hervorlocken als ein auf der Seite liegendes oder ein auf dem Kopf stehendes. Nicht alle Elemente des Antlitzes sind von Bedeutung; denn angelächelt wird auch eines ohne Mund. Problematisch ist in diesem Alter allerdings ein unvollständiger Gesichtsumriß. Auf ein unterhalb der Nase abgeschnittenes Gesicht wird das Kind eher mit Abneigung als mit einem Lächeln reagieren. Für das fünf Monate alte Kleinkind muß der Mund vorhanden sein – von dieser Altersstufe an wird ein lächelnder Mund mit größerer Wahrscheinlichkeit ein Lächeln hervorrufen als ein nicht lächelnder Mund. Es scheint ziemlich klar zu sein, daß das Baby nunmehr alle Teile eines Gesichtes zugleich wahrnehmen kann. Für diese Auffassung spricht auch die Tatsache, daß beim Baby die Fähigkeit wächst, Menschen und die Stimmungen eines Menschen auseinanderhalten zu können. Im Alter von acht Monaten kann ein Baby auf subtile Stimmungsindikatoren im Mienenspiel eines beliebigen herankommenden Erwachsenen ansprechen. Es scheint durchaus möglich, daß die Entfaltung der Fähigkeit zur Handhabung von Informationen derjenige Faktor ist, der es dem Baby gestattet, alle diese Extra-Merkmale zu verarbeiten.

Die beschränkte Kapazität des Babys spielt auch eine Rolle bei entwicklungsmäßigen Veränderungen im Grenzbereich zwischen Wahrnehmen und Handeln. Ein Beispiel ist die Entfaltung des Greifvermögens. Akkurates Greifen hängt natürlich von der richtigen wahrnehmungsmäßigen Lokalisierung eines Objektes ab, aber auch die richtige wahrnehmungsmäßige Lokalisierung der Hand gehört dazu. Die motorische Komponente besteht darin, daß die Hand von ihrem wahrgenommenen Ort zum wahrgenommenen Objektort hingeführt wird. Wenn das Wahrnehmungssystem zur Überwachung dieses Bewegungsablaufs eingesetzt wird, kommt Wahrnehmung noch in einer dritten Weise ins Spiel. Ein „perzeptivmotorischer" Akt wie das Greifen ist also viel stärker von der Wahrnehmung als von der Motorik bestimmt. Es gibt Anhaltspunkte dafür, daß noch nicht fünf Monate alte Babys mit ebendiesem Wahrnehmungsaspekt des motorischen Verhaltens Schwierigkeiten haben. Beim Greifen scheint Babys besonders die Überwachung der Handführung schwer zu fallen, was sich als Unterbrechung der Greifbewegung zeigt, sobald die Hand in das Gesichtsfeld gelangt. Die Hand konkurriert mit dem Objekt um die Aufmerksamkeit des Kindes, und dies in einem solchen Maße, daß es zu einer Unterbrechung des Greifaktes kommen kann. Dann hält das Baby seine Bewegung mitten im Greifen an und starrt wie gebannt auf seine Hand. Nachdem ihm die Hand langweilig geworden ist, wendet es seine Aufmerksamkeit wieder dem Objekt zu. Nochmals kann das Greifen unterbrochen werden, wenn die Hand in den Zentralbereich seines Gesichtsfeldes eintritt. Auch wenn diese Phase der Aufmerksamkeitsverlagerung vorüber ist, gelingt es ihm immer noch nicht, auf Hand und Objekt gleichzeitig Obacht zu geben. Dies nachzuweisen erfordert indessen einen experimentatorischen Kniff. Man läßt das Baby greifen, während es Keilprismen trägt. Keilprismen versetzen die von einem Objekt kommenden Lichtstrahlen, so daß es seitlich verschoben erscheint (Abb. 13). Wenn noch nicht fünf Monate alte Babys nach einem Objekt greifen, während sie Keilprismen aufhaben, zielen sie auf die Stelle, an der sie das Objekt erblicken, nicht dorthin, wo es sich wirklich befindet. Das Erstaunliche ist nun, daß sie das Objekt verfehlen, ohne den Miß-Griff korrigieren zu können.

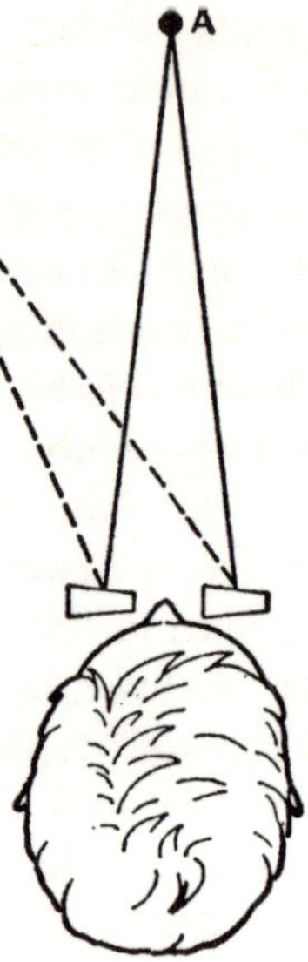

Abbildung 13: Keilprismen versetzen das Licht, so daß ein Objekt, das sich bei A befindet, bei B zu sein scheint.

Sie ziehen die Hand zurück, probieren es nochmal – und greifen wieder daneben. Das kann eine ganze Weile so weitergehen und das Baby in zunehmendem Maße enttäuschten. Sieben Monate alte Babys dagegen lassen sich durch Keilprismen überhaupt nicht beirren und können eines Objekts ohne Schwierigkeiten habhaft werden. Dabei enthüllt die gründliche Analyse ihrer Greifbewegungen, daß diese älteren Babys die Position von Objekten genauso falsch sehen wie die jüngeren Babys. Der erste Teil des Greifens erfolgt auf einem Abweg. Doch sobald sich die Hand im Gesichtsfeld zeigt, wird ihre Aktionslinie korrigiert und die Hand stracks zum Objekt hingeführt. Eben diese doppelte Aufmerksamkeit, die Hand- und Objekt-Positionen verlangen, scheint jüngere Babys zu überfordern; ihnen fehlen noch die unentbehrlichen Informationsquellen, ohne die sie die Position der Hand in Bezug auf das Objekt nicht überwachen können.

Unzulänglichkeiten der Informationsverarbeitung sind charakteristisch für das Kind in der Entwicklung und mindern die Leistung noch jahrelang. Als letztes Beispiel möchte ich eine halb-natürliche Versuchssituation heranziehen. Man zeigt einem Baby ein begehrtes Spielzeug, das auf einem Tisch liegt, und zwar unter einer von drei Tassen, sagen wir: unter der Tasse zur Linken des Babys. Da sich die Tassen außerhalb seiner Reichweite befinden, muß sich das Baby um den Tisch herum erst hinbegeben. Unter 18 Monate alte Babys tun das auch, doch sobald sie angekommen sind, greifen sie nach der Tasse zu ihrer Linken, nicht nach der richtigen Tasse, die ja jetzt rechts von ihnen steht. Wie es scheint, gelingt es ihnen noch nicht, ihre Aufmerksamkeit auf Gehen und Tassenbeobachten zu verteilen. Diese Aufgabe wird sofort wesentlich leichter, wenn man den Tisch so dreht, daß sich das Baby nicht zu bewegen braucht. Abermals hat es den Anschein, daß die für die Bewegung benötigte Information innerhalb des Wahrnehmungssystems mit der Information konkurriert, die das Im-Auge-Behalten der Tassenposition erfordert.

Bisher sprachen wir vor allem über die Begrenztheit der Informationsmenge, die das Kleinkind verarbeiten kann. Was verändert nun sein Wahrnehmungssystem so, daß große Informationsbeträge bewältigt werden können? Zum Teil ergeben sich die Veränderungen zweifellos aus dem Wachstum. Die Nervenzellen im Wahrnehmungsapparat wachsen und werden zahlreicher. Die Nervenfasern, die Informationen zum Gehirn leiten, sowie diejenigen, in denen Informationen innerhalb des Gehirns zirkulieren, werden dicker und können Meldungen demgemäß schneller transportieren. Auch wird die Isolierung der Fasern besser, so daß die in benachbarten Kanälen laufenden Botschaften einander nicht mehr stören.

Das ist Wachstum, und wie das Körperwachstum physisches Training verlangt, so verlangt das Wachstum innerhalb des Wahrnehmungssystems Übung durch Reizeingaben. Bei Tieren, denen solche Eingaben versagt bleiben, wachsen die Gehirne einfach nicht und können dermaßen degenerieren, daß sie schließlich weniger leisten als bei der Geburt. Wir haben allen Grund zu der Annahme, daß dasselbe auch mit dem Nervensystem des Menschen geschieht. Ohne Reizeinspeisung von außen entwickelt sich das Gehirn nicht. Die Merkmale der wachstumswirksamen Eingaben sind noch unklar. Man kann sich indessen vorstellen, daß bei-

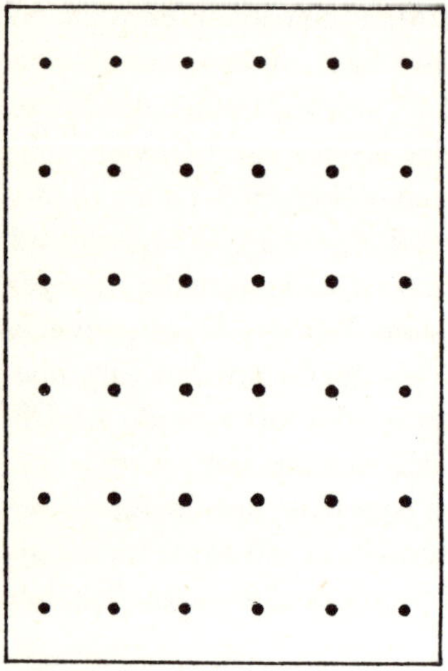

Abbildung 14

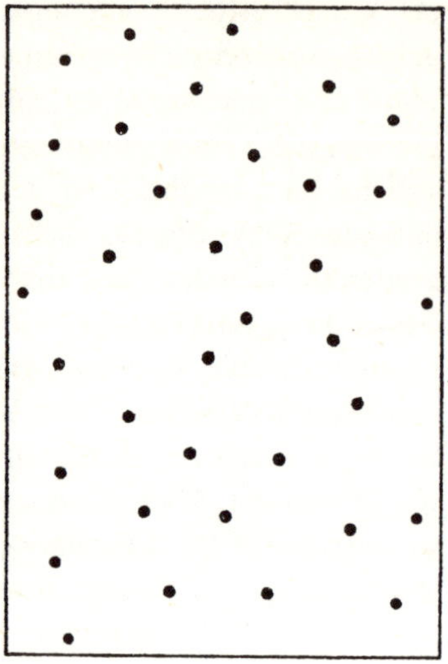

Abbildung 15

spielsweise für das Sehsystem Licht schlechthin nicht genügt – es muß als Muster strukturiert sein. Ähnliches wird wohl auch für die anderen Sinne gelten.

Wahrscheinlich tragen verschiedene Entwicklungen dazu bei, daß immer mehr Informationen verarbeitet werden können. Wichtig ist für diese Veränderungen ganz gewiß der Prozeß der Gewöhnung. Wir erinnern uns: Gewöhnung bedeutet, daß von einem häufig auftretenden Reiz ein inneres Schema aufgebaut wird. Ist ein Schema eines vertrauten Reizes verfügbar, so scheint dies die informatorischen Anforderungen, die der Reiz stellt, zu verringern. Das Bekannte belegt unsere Aufmerksamkeit nicht von vornherein derart mit Beschlag, wie es das völlig Unbekannte tut. Gewöhnung an den Anblick der Hand mag bewirken, daß beim Greifen mehr und mehr Informationen benutzt werden können. Von Geburt an betrachten Babys ausgiebig ihre Hände, das steht fest. Wie faszinierend die Hand sein muß, wurde mir so recht klar, als ich ein Baby sah, dessen Hände seit seiner Geburt bandagiert waren. Gegen Ende des dritten Lebensmonats wurden diese Verbände entfernt, und sogleich beanspruchten die Hände seine ganze visuelle Aufmerksamkeit. Zwei Tage lang konnte man es nur mit Mühe dazu bringen, auch einmal etwas anderes anzuschauen. Vermutlich brauchte es diese Zeit, um ein Schema der Hand zu gewinnen, woraufhin die Hand seine Aufmerksamkeit nicht mehr in einem so hohen Maße wie zuvor fesselte.

Wenn Gewöhnung für das frühe Perzeptivlernen sehr wichtig ist, dann scheint das Lernen, was womit zusammenhängt, für die Vereinfachung der Welt des Kindes ebenso wichtig zu sein. Es gibt eine Reihe einschlägiger Regeln, nach denen wir unsere Welt organisieren. Eine davon besagt, daß Konturen, die sich dicht – oder jedenfalls dichter als der Durchschnitt der Konturen in einer Szene – beieinander befinden, wahrscheinlich Konturen eines einzigen Objekts sind und demnach nicht als zwei Einheiten, sondern als eine Einheit behandelt werden können. Die Abb. 14 zeigt deutlich sechs Reihen von Punkten und ist visuell viel leichter zu erfassen als Abb. 15, wo wir die vorgenannte Regel nicht anwenden können. Anscheinend müssen Babys lernen, die Welt nach einem solchen Organisationsprinzip der Nähe zu sehen. Zeigt man Babys beispielsweise drei Punkte in folgender Anordnung:

•   • •

so überrascht es sie, wenn einer – und zwar irgendeiner – der drei Punkte in Bewegung versetzt wird. Als Maß der Überraschung des Babys diente eine abrupte Veränderung in seiner Saugrate. Erst wenn Babys schon fast ein Jahr alt sind, überrascht sie die Bewegung eines der dicht beieinanderliegenden Punkte mehr als die des abseits liegenden Punktes. Die Bewegung eines der unmittelbar benachbarten Punkte bricht das, was für uns eine Wahrnehmungseinheit bildet, auf und überrascht daher mehr als die Bewegung des Punktes, der im Abseits eine Einheit für sich darstellt. Da noch im ersten Lebensjahr stehende Babys von dieser Veränderung nicht überrascht sind, dürfen wir vermuten, daß sie das Nähe-Prinzip, nach dem sich ihre Welt organisieren läßt, noch nicht heranziehen können.

Einige andere Regeln für Zusammenhänge stehen ihnen viel viel früher zu Gebote. Die Regel der „guten Weiterführung“ zum Beispiel dient dem Erkennen des Zusammenhangs von Konturen, die

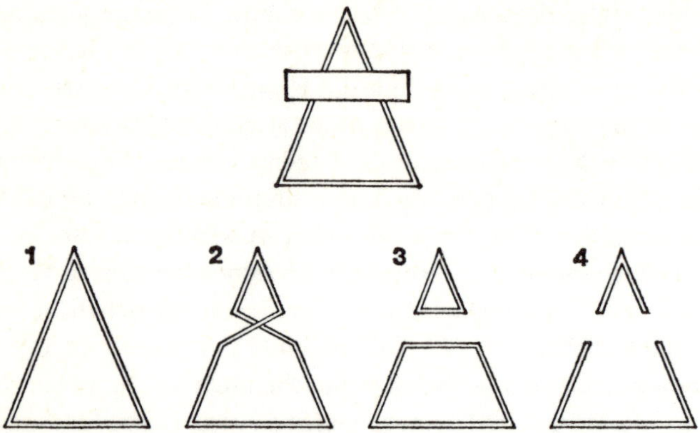

Abbildung 16: Wir sehen die obere Figur als Dreieck mit einem Querbalken, d.h. wie Figur 1, nicht als Nicht-Dreieck wie 2, 3 oder 4. Dasselbe tut ein acht Wochen altes Baby.

durch dazwischentretende Objekte unterbrochen sind, und sie besagt: Wenn die Konturen zu beiden Seiten der Unterbrechung in derselben Richtung verlaufen, sollen sie als eine und dieselbe Kontur aufgefaßt werden. Acht Wochen alte Kleinkinder wenden diese Regel an, wenn sie eine ihnen so unvertraute Figur wie das Dreieck mit dem Querbalken in Abb. 16 (oben) erblicken. Man brachte Babys durch Training bei, auf diese Figur zu reagieren, und zeigte ihnen dann die anderen Figuren (vgl. Abb. 16). Ohne Ausnahme übertrugen sie ihre Reaktion auf das vollständige Dreieck, nicht auf eines von den Nicht-Dreiecken (2, 3, 4 in Abb. 16). Da es unwahrscheinlich ist, daß die Babys vor dem Experiment jemals ein komplettes Dreieck gesehen hatten, läßt sich ein solches Verhalten kaum aus einer Vertrautheit mit Dreiecken erklären, wohl aber aus der Anwendung der Regel von der „guten Weiterführung". Nur wenn die Babys die unterbrochenen Konturen der Originalfigur als Dreieck sehen, ist zu erwarten, daß sie eine erworbene Reaktion so, wie sie es tun, ausschließlich auf das vollständige Dreieck übertragen.

An diesen Experimenten wird folgendes deutlich. Das Kleinkind kann zwar Informationen nur in sehr begrenztem Maße verarbeiten, aber es kennt ein paar Tricks, mit denen es dieses Manko ausgleicht. Einige seiner Tricks mögen angeboren sein (etwa die Regel von der „guten Weiterführung“). Andere, etwa Gewöhnung und das Organisationsprinzip der Nähe, sind erfahrungsabhängig. Im Endeffekt jedenfalls machen sie es dem Kleinkind möglich, einige sich wiederholende Regelmäßigkeiten in der Umwelt zu ignorieren und seine beschränkte Fähigkeit der Informationsverarbeitung auf das zu konzentrieren, was neu und interessant ist.

Kapitel 5
Anpassungen an das Wachstum

Zu den faszinierendsten Anpassungen in der Entwicklung des Babys gehören die wachstumsbedingten. Das Wachstum verändert seine auditive Wahrnehmung, zumal die Schallquellenortung, seine visuelle Wahrnehmung, seine Größenwahrnehmung und das binokulare Erfassen von Objektpositionen. Und es schafft gewiß auch Probleme in der propriozeptiven Wahrnehmung der Stellung und Lage von Körperteilen.

Bei Untersuchungen über die Entwicklung der fehlerfreien auditiven Ortsbestimmung diente das Greifen als Genauigkeitsindex. Die Babys des Versuchs sitzen in einem völlig dunklen Raum. Nun wird ein geräuscherzeugendes Objekt in einer von mehreren Standardpositionen eingeführt. Man zählt die Anzahl der Greifbewegungen des Babys und erhält einen Genauigkeitsindex, wenn man sie damit vergleicht, wie oft das Baby das Objekt tatsächlich berührt. Um sicher zu gehen, daß Ungenauigkeit nicht eine Folge der Notwendigkeit ist, im Dunkeln greifen zu müssen, wird gesondert ein Kontrollexperiment durchgeführt. Man zeigt den Babys dasselbe Objekt, jedoch macht es diesmal keine Geräusche, und sie dürfen erst danach greifen, wenn das Licht ausgeschaltet ist. Jetzt greifen die Babys im Finstern nach einer Stelle, von der sie wissen, daß sie dort ein Objekt gesehen haben. Was das Greifen betrifft, sind die beiden Situationen gleich: Die Babys müssen nach einem Objekt greifen, ohne dabei ihre Hände sehen zu können. Bei noch nicht sechs Monate alten Babys ist das auditiv geleitete Greifen genauer als das vom visuellen Gedächtnis geführte, wenn es um Objekte geht, die sich direkt vor dem Baby befinden, aber im Peripheriebereich, abseits der Mittellinie, ist es längst nicht so genau. In Anbetracht der Wachstumsprobleme des Hörsystems würde man das in etwa erwarten. Im Bereich der Mittellinie werfen Geräusche keine Probleme auf, denn sie erreichen ja

beide Ohren gleichzeitig. Die anderen Positionen müssen sämtlich aus Zeitdifferenzen ermittelt werden, die sich ändern, da das Baby wächst, und allem Anschein nach braucht es sechs Monate, bis es gelernt hat, die Werte dieser Zeitdifferenzen zu berechnen.
Für das Auge entsteht infolge seines Wachstums und seiner Formveränderungen (die Augen des Kleinkindes sind kürzer und flacher als die des Erwachsenen!) das Problem, daß sich die Größe des Bildes, welches ein Objekt aus einer gegebenen Entfernung erzeugt, ändert. Dies beeinträchtigt die Genauigkeit des Greifens und Zupackens. Durch das Wachstum des Babys kommt es dazu, daß ein gegebenes Objekt in einer gegebenen Entfernung ein kleineres Netzhautbild erzeugt und demnach weiter weg zu sein scheint, als es wirklich ist – was die Lokalisierung erschwert. Doch mit dem Alter nimmt auch die Greifgenauigkeit des Babys zu. Diese Fortschritte lassen sich meines Erachtens, ohne allzu viel hineinzugeheimnissen, folgendermaßen erklären. Von Geburt an sind Babys von ihren Händen fasziniert. Sie sitzen oder liegen da und betrachten ihre Hände, während sie die Daumen in wechselnden Winkeln von den Fingern abspreizen. Dazu neigen sie insbesondere beim Greifen, wenn die Hand sich in demselben Teil des Gesichtsfeldes befindet wie ein Objekt. Es ist daher durchaus möglich, daß das Baby lernt, die gesehene Größe von Objekten mit der gesehenen Größe seiner Hand in Übereinstimmung zu bringen. Diese Lösung klingt fast zu einfach, um wahr zu sein, wird aber, wenn nicht alles täuscht, den Daten gerecht.
Das Sehen spielt eine wichtige Rolle beim Lösen propriozeptiver Probleme. Die Tatsache, daß das Baby lernt, seine Hand während der Greifhandlung zu überwachen, erlaubt ihm eine hohe Greifpräzision. Aber sie erlaubt es ihm auch, die propriozeptive Spezifizierung seiner Handposition zu vergessen. Wo seine Hand ist, kann das Baby feststellen, indem es sie anschaut, und nach einigem Material zu urteilen, gelangen Babys tatsächlich dahin, sich bei der Lokalisierung ihrer Hände auf den Gesichtssinn zu verlassen. Babys im Alter von vier bis sechs Monaten greifen sehr direkt: Die Hand wird von dort, wo sie sich befindet, in gerader Linie zum Zielort geführt. Dieses Direktgreifen verschwindet im Laufe der nächsten paar Monate. Dann scheint das Baby folgendes zu tun:

Es streckt seine Hand ins Gesichtsfeld, prüft mit dem Auge, wo sie ist, und benutzt sein Sehsystem, um die Hand zum Objekt zu bringen. Es gibt einige schwache Anhaltspunkte für den Verdacht, daß Babys sich mit der Zeit völlig auf diesen Mechanismus verlassen und dann ohne visuelle Führung nicht mehr akkurat greifen können. Wenn man einem fünf Monate alten Baby ein Objekt zeigt und hierauf das Licht ausschaltet, so daß es im Dunkeln greifen muß, wird es dennoch ziemlich akkurat nach dem Objekt greifen. Ein älteres Baby greift unter denselben Umständen nicht so genau. Es streckt die Hand aus und läßt sie auf der richtigen Ebene hin und her wandern, bis sie das Objekt berührt. Taktile Informationen lenken dann die Schlußphase des Greifens, das Ergreifen. Es scheint, daß ältere Babys ihr Greifen nicht mehr an unmittelbarer propriozeptiver Information orientieren können, so sehr sind sie vom Sehen abhängig geworden.
Der Schritt nun, der das Sehen zu demjenigen Sinn macht, welcher die Handposition bestimmt, scheint ein Schritt zu sein, der von der oben beschriebenen Koordination der Sinne wegführt. Sicher ist diese Koordination bei älteren Babys weniger zwingend als bei jüngeren. Dies zeigt sich in einem Experiment mit der binokularen Koordination, in dem man Babys *virtuelle Objekte* darbietet, also Objekte, die sichtbar, aber nicht berührbar sind. Jeder, der sich an die dreidimensionalen Filme erinnert, wird den in Abb. 17 dargestellten Apparat kennen. Zwei Projektionslampen erzeugen auf einem Schirm zwei entgegengesetzt polarisierte Bilder. Das Baby trägt eine 3-D-Brille, was bedeutet, daß sein rechtes Auge das eine Bild sieht und sein linkes das andere. Das Wahrnehmungsresultat ist, daß das Baby ein Objekt im Raum schweben sieht: Das Objekt besitzt alle sichtbaren Eigenschaften eines Objekts, aber wenn das Baby danach greift, stößt seine Hand ins Leere. Babys im Alter von vier bis sechs Monaten sind davon aufs äußerste überrascht, können daran aber offenbar nicht viel ändern. Immer wieder greifen sie nach der Stelle, wo das Objekt zu sein scheint, und jedesmal verraten sie höchste Überraschung; dennoch fahren sie wie unter Zwang fort, weiter nach dem Objekt zu greifen. Hier zeigt sich im Verhalten älterer – acht oder neun Monate alter – Babys eine beträchtliche Veränderung. Auch sie greifen nach dem Objekt, doch

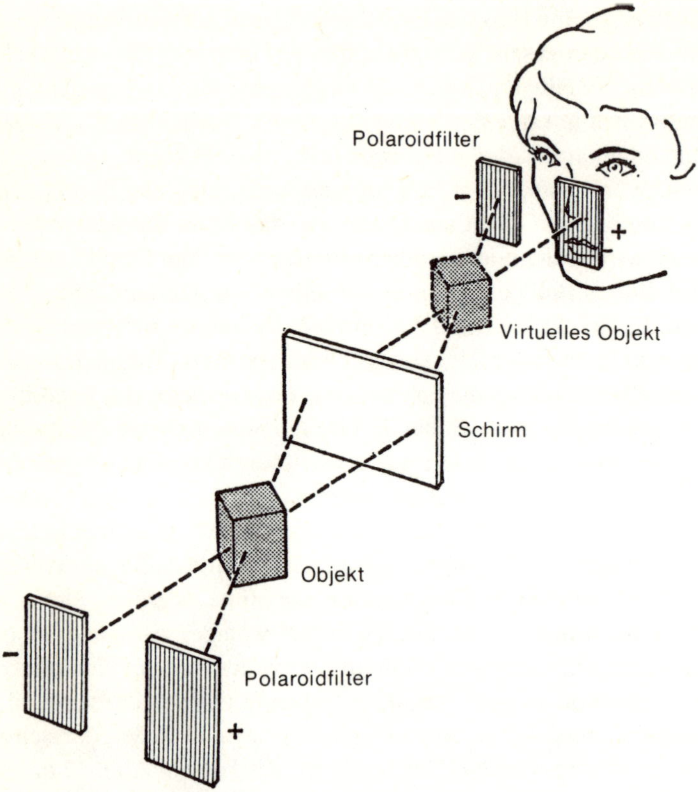

Abbildung 17: Apparat zur Vorführung virtueller Objekte, die im Leeren zu schweben scheinen.

wenn sie es mit der Hand nicht zu packen kriegen, tun sie ein paar interessante Dinge. Zunächst werden sie meist die Hand anstarren und mit ihr auf die nächste erreichbare Fläche schlagen, als wollten sie um alles in der Welt herausbekommen, ob die Hand überhaupt funktioniert. Hierauf folgt eine lange Sichtprüfung des virtuellen Objekts, wobei nicht selten entdeckt wird, daß es sich von gewöhnlichen Objekten unterscheidet. Der Unterschied zeigt sich darin, was geschieht, wenn das Baby den Kopf bewegt. Hinfort entscheidet das Baby anhand dieses Unterschiedes in dieser Situation, ob es ein wirkliches oder ein virtuelles Objekt erblickt: Wenn man ihm ein wirkliches Objekt präsentiert, so greift es danach, doch wenn ihm ein virtuelles Objekt vorgeführt wird, erntet der Experimentator damit oft bloß Gekicher. Für mich sieht es ganz so aus, als habe es das Baby geschafft, die Wahrnehmungswelt in eine visuelle und eine berührbare Welt zu scheiden, zwei Bereiche, die für jüngere Babys notwendigerweise noch zusammenhängen. Ältere Babys leben mehr und mehr in einer Welt, in der die von den Sinnen gelieferte Information in eine visuelle, eine auditive und eine tastbare Welt aufgeteilt ist. Dies zeigt sich in der eben geschilderten Situation mit dem „Schein"-Objekt sowie in der auditiv gelenkten Greifsituation. Das ältere Baby ist viel weniger bereit als das jüngere, in der Dunkelheit nach geräuscherzeugenden Objekten zu greifen. Für die älteren Kleinkinder sind Geräusche etwas, bei dem man aufhorcht und zuhört, aber nichts, wonach man greift – eine Veränderung, die, wie wir sehen werden, unheilvolle Konsequenzen haben kann.

Kapitel 6
Wie wird das Wahrgenommene in Wissen verwandelt?

Erwachsene leben in vielen Welten – in einer Welt der Wahrnehmung, einer Welt der Vergangenheit, einer Welt der Zukunft und einer vermittelten Welt, die Fernsehen, Bücher, Presse und Hörensagen beisteuern. Babys dagegen leben in einer unmittelbar wahrnehmungsbestimmten Welt, und zwar ziemlich ausschließlich. Diese ihre Welt wird nur in geringem Umfang von Erinnerungen oder Antizipationen geprägt. Junge Babys können von Angeboten an ihre Wahrnehmungsfähigkeiten regelrecht unterjocht werden: Sie halten an ihnen fest und „lassen nicht mehr lokker". Bei jungen Babys ist die Wahrnehmung noch nicht in einen Gesamtkontext von Verhalten integriert. Diese Integration ist ein wesentlicher Teil der Entwicklung der Wahrnehmung.

Der Prozeß der Gewöhnung hat offensichtlich den Zweck, durch das Vertrautwerden des Babys mit Einzelheiten seiner Umgebung zu erreichen, daß diese Details seine Aufmerksamkeit immer weniger beanspruchen. Doch zeigt es sich erst viele Monate nach dem Beginn der Gewöhnung fähig, Dinge zu ignorieren, die auftauchen, während es etwas anderes zu tun versucht. Ein interessanter Verhaltens-Kniff in dieser Richtung ist das Blickabwenden (Wegschauen), eine unmißverständliche Weigerung, etwas zu betrachten, was entweder als verwirrend oder als ablenkend empfunden wird. Das letztgenannte Motiv interessiert uns hier besonders. Bedauerlicherweise ist es noch verhältnismäßig wenig erforscht. In einem bestimmten Zusammenhang hat dieses Verhalten jedoch Beachtung gefunden, nämlich in dem des Greifens. Erinnern wir uns: Vier bis fünf Monate alte Babys lassen sich durch den Anblick ihrer Hand im Gesichtsfeld von einer Greifaktion ablenken. Manchmal wird ein Baby in dieser Entwicklungsphase den Blick vom Zielobjekt seines Greifens abwenden, und dies wohl, damit die Hand ungesehen an das Objekt gelangen kann. Wenn diese Interpretation des Wegschauens zutrifft, impliziert es eine ziemlich weit fortgeschrittene Eingliederung der Wahrnehmung in das Verhalten, ein Erkennen, daß eine Handlung von ihren wahrnehmungsmäßigen Folgen unterbrochen werden kann, und ein Bewußtsein davon, wie diese Unterbrechnungen zu verhindern sind. Das alles wirkt ziemlich kompliziert und raffiniert. Leider gibt es in der Wirklichkeit viele andere Alltagssituationen, in denen das Baby außerstande zu sein scheint, solche Hilfsmittel hinzuzuziehen. Nach einer Bemerkung Rudolph Schaffers ist es Babys unmöglich, *nicht* sogleich zuzugreifen, wenn man ihnen ein neues Objekt vorlegt (1). Erst im letzten Viertel des ersten Jahres werden Babys innehalten und das Präsentierte gründlich betrachten, bevor sie hinfassen. Wie unfunktional das ist, hat Jerome Bruner an einem amüsanten Beispiel dargetan. Bruner gab einem Baby ein Spielzeug, welches das Kleine auch annahm. Dann bot er ihm ein weiteres Spielzeug an. Dieses nahm das Kind mit der anderen Hand in Empfang. Hierauf präsentierte Bruner ihm ein drittes Spielzeug. Ein besonders geschicktes Kerlchen kann auch diesen Gegenstand noch zu packen kriegen, während es die beiden anderen festhält. Nun sitzt das Kleine da wie ein überladener Weihnachtsbaum und vermag de facto mit keinem der drei Dinge richtig zu spielen. Jetzt aber kommt das Entscheidende. Man reicht dem Baby Spielzeug Nummer 4. Bums! Die drei anderen Sachen poltern zu Boden; denn wie unter Zwang hat das Kind nach dem Neuangebot gegriffen (2). Ältere Babys entwickeln eine vernünftigere Methode, mit solchen Situationen fertig zu werden, aber das braucht viel Zeit.

Ein ähnlicher Prozeß mag bei manchen Entwicklungsaspekten der Objektpermanenz im Spiel sein. Das Baby macht verschiedene Stadien durch, bis es erkennt, daß Objekte auch dann weiterbestehen, wenn sie nicht mehr zu sehen sind. Eine natürliche Situation dieser Art ist beispielsweise gegeben, wenn ein Ball hinter einen Sessel rollt. Holt das Kind den verschwundenen Ball hinter dem Möbelstück hervor, so muß es vom Weiterbestehen des Balls einen gewissen Begriff haben, der nicht von seiner Wahrnehmung des betreffenden Gegenstandes abhängt. Die wachsende Fähig-

keit eines Babys, ein verstecktes Objekt zu finden, kann getestet werden, indem man das Objekt im Inneren eines von mehreren anderen Objekten verbirgt, wobei man noch allerlei Vertauschungen vornehmen kann, um die Suche kniffliger zu gestalten. Irgendwann in dieser Entwicklungssequenz wird ein Baby nicht mehr routinemäßig weitersuchen, sobald es unter einer der Tassen oder einem der Tücher, die als Versteck dienen, überhaupt etwas findet. Das neue Objekt braucht dem eigentlichen Suchgegenstand gar nicht ähnlich zu sehen – darauf kommt es nicht an. Der Grund dafür könnte eine mangelhafte Merkfähigkeit oder die bereits besprochene Art von Ablenkung sein. Mit dieser Ablenkbarkeit ist es ungefähr am Ende des ersten Lebensjahres vorbei. Dann beginnt unser Kleinkind kraft irgendeines geheimnisvollen Prozesses, sein Wahrnehmungssystem zu benutzen, statt sich wie bisher von ihm benutzen zu lassen. Jetzt lenken Erinnerungen und Erwartungen sein Verhalten, und es kann diese Erwartungen mit Hilfe seines Wahrnehmungssystems realisieren.
Verknüpft mit Veränderungen dieser Art ist ein faszinierender Statuswechsel der Wahrnehmung innerhalb der Hierarchie der Systeme, die das Verhalten des Babys kontrollieren. Wir alle kennen Situationen, in denen wir „unseren Augen nicht trauen", einfach nicht akzeptieren, was unsere Sinne uns sagen. Dabei sind es normalerweise nicht eben dramatische Zusammenhänge, in denen wir uns bewogen fühlen, unseren Sinnen zu mißtrauen, sondern vorwiegend alltägliche Situationen, in denen wir auf irgendeine Täuschung hereinfallen. Die dramatischsten Momente treten ein, wenn wir einem Zauberkünstler auf der Bühne zusehen: Wir wissen, daß man uns hinters Licht führt, durchschauen aber den Vorgang oft dennoch nicht. In der Entwicklung nun gibt es einen markanten Punkt, an dem das Baby hinsichtlich der von seinen Sinnen gelieferten Daten offenbar eine ähnliche Position der Überlegenheit bezieht. Bei Babys stellt sich in der Entwicklung ein Umschwung ein, der auch sie ihren Augen nicht mehr trauen läßt, wenn sich ein Widerspruch auftut zwischen dem, was sie sehen, und dem, was sie schon über die Welt wissen. Bei einer meiner Untersuchungen verwendete ich ein Hilfsmittel, mit dem ich feste Objekte langsam und geräuschlos „vergehen" lassen konnte, so

ähnlich, wie sich Rauchwolken im Winde oder Nebelbänke in der warmen Sonne verflüchtigen. Ich benutzte ein System von halbbelegten Spiegeln, die dergestalt zu beleuchten waren, daß sie entweder ein Objekt oder einen leeren Raum zeigten. Die Verwandlung nach allmählichem Verändern der Beleuchtung wurde als langsames Verblassen eines Objektes bis zum völligen Verschwinden wahrgenommen. Meine älteren Kinder hatten nicht die geringste Angst vor dieser Trick-Kiste und kletterten munter hinein und heraus. Sie „wußten", daß sich feste, reale Gegenstände nicht in Luft auflösen. Babys erwerben dieses Wissen gegen Ende des ersten Lebensjahres. Angesichts meiner Spiegelkiste schienen junge Babys sich damit abzufinden, daß die fraglichen Objekte dann eben weg waren. Nach dem Verschwinden des Objekts zeigten sie kein Interesse mehr an der Vorführung. Ein Jahr alte Babys akzeptieren diese visuelle Eingabe nicht mehr. Diese Babys krabbelten auf die Kiste, pochten dagegen, spähten um sie herum und suchten dann das übrige Zimmer ab, bis sie das entronnene Objekt fanden. Wenn sie es hatten, strahlten sie mich wortlos an und schienen ihren Triumph sehr zu genießen.

Das Beargwöhnen der eigenen Sinne und das Zurückgreifen auf andere Wissensquellen nehmen im Laufe der Entwicklung zu. Nach einigem Material zu urteilen, geht der Prozeß so weit, daß er einen in schiere Illusionen hineinsteuern kann. Erwachsene sind ziemlich anfällig für Sinnestäuschungen durch wohlbekannte Objekte, die in absonderlichen Größenverhältnissen präsentiert werden. Ein übergroßer Stuhl wird als ein Stuhl normaler Größe, aber in größerer als der wirklichen Entfernung gesehen, und ein Miniatur-Auto als normal groß, aber weiter weg, als es wirklich ist. Aber Kinder geben bis zum fünften oder sechsten Lebensjahr von der wahren Größe und Entfernung der dargebotenen abweichenden Objekte eine recht brauchbare Schätzung. Später werden sie für die Illusion ebenso anfällig, wie es Erwachsene sind.

Situationen, in denen man sich besser nicht auf die unmittelbare Sinnesinformation, sondern auf sein Wissen verlassen sollte, sind wesentlich häufiger als Situationen, für die das Umgekehrte gilt. Ältere Kinder können die naturgegebenen Unzulänglichkeiten des Wahrnehmungssystems mit Wissen überspielen, wie es jüngere Kinder nicht vermögen. Das läßt sich ganz einfach an der Horizontal-Vertikal-Illusion veranschaulichen. Eine senkrechte Linie sieht länger aus als eine waagrechte, die in Wirklichkeit dieselbe Länge hat. Wenn man mit zwei gleich langen waagrechten Linien beginnt und eine davon in die Vertikale dreht, gerät die Kenntnis der Länge vor der Drehung in Konflikt mit der unmittelbaren Wahrnehmung, daß die senkrechte Linie länger ist. Kinder im Alter bis zu sechs Jahren lösen den Konflikt zugunsten der Wahrnehmung und sagen: Die senkrechte Linie *ist* länger. Dagegen sagen ältere Kinder: Die senkrechte Linie *sieht* zwar länger *aus,* aber in Wirklichkeit sind beide gleich lang. Dieses kluge Trennen von Schein und Wirklichkeit ist eine Fortsetzung der ersten derartigen Differenzierungen, die im Kleinkindalter gemacht wurden, und wird das ganze Leben hindurch weitergeführt. Vieles im Denken Erwachsener kreist um ungesehene und unsichtbare Dinge, zum Beispiel Glück, Gott, Verantwortung. Ein mentales System, welches die Wahrnehmung in jener Vormachtstellung beließe, die sie in der postnatalen Periode einnimmt, wäre zur Auseinandersetzung mit diesen fiktiven Ganzheiten nicht geeignet. Man hat eingewendet, wir wären zufriedener und gesünder, wenn wir uns mehr an die Welt unserer Sinne hielten. Mag sein, doch wissen werden wir das nie. Die von der Übermacht der Wahrnehmung hinwegführende Entwicklung scheint universell zu sein und tritt in allen Kulturen zu allen Zeiten auf.

Kapitel 7
Wie lernt das Kind, seine Sinne zu gebrauchen?

Im Verlaufe der frühen Kindheit wird das Wahrnehmungssystem des Neugeborenen immer leistungsfähiger. In dieser Periode raschen Wachstums kann das System aber auch leicht Schaden nehmen. Wenn die Eingabe von Umweltinformationen ganz ausbleibt oder in einseitig-verzerrender Auswahl erfolgt, kann dadurch die bei der Geburt vorhandene Struktur zerstört werden.

Am klarsten zeigen dies Studien über die Gefährdung des Gesichtssinnes unter Bedingungen, die dem Sehsystem die angemessenen Eingaben vorenthalten. Babys können mit angeborenen korrigierbaren Sehstörungen zur Welt kommen, zum Beispiel mit grauem Star, der die normalerweise transparente Linse des Auges so stark trübt, daß zwar noch diffuses Licht an die Netzhaut gelangen kann, aber strukturiertes Licht nicht mehr. Der Effekt muß so ähnlich sein wie der Blick durch eine Milchglastür: Man sieht Licht und Lichtschwankungen, jedoch keine Struktur. Dem genannten Leiden läßt sich auf mehrere Weise abhelfen. Man kann die getrübte Linse entfernen. Wenn der Betreffende dann Kontaktlinsen oder die richtigen Augengläser trägt, ist der Defekt praktisch behoben, jedenfalls optisch. Aber in funktionaler Hinsicht mag diese optische Korrektur zu spät kommen. Wenn das Leiden nicht schon in einem sehr frühen Alter korrigiert wird, kann man dies später, zumindest in den meisten Fällen, ebensogut bleiben lassen. Die Korrektur kann technisch und optisch erfolgreich, funktional indessen ein kompletter Fehlschlag sein. Wenn das Baby sechs Monate ohne Struktursehen leben mußte, ist es zu spät, letzteres dann noch einzuführen. Das Baby macht von der Fähigkeit überhaupt keinen Gebrauch.

Ist es richtig zu sagen, das Baby tut es nicht, oder sollten wir sagen, es kann es nicht tun? Das ist eine schwierige Frage. Das Sehsystem bleibt noch eine Zeitlang schadensgefährdet. Wenn ein Auge verletzt wird und infolgedessen die binokularen Eingaben ausfallen, kann dies das binokulare System für immer beeinträchtigen, auch wenn die monokulare Sehperiode nur eine Woche währt. Diese Art von Anfälligkeit überdauert bis ins dritte Lebensjahr. Selbst wenn der Gesichtssinn schon einige Jahre lang gebraucht worden ist, kann eine vorübergehende Beeinträchtigung zu einem Kapazitätsverlust führen, der sich kaum wiedergutmachen läßt. W. Uhthoff hat drei klassische Fälle beschrieben und faßte sie so zusammen:

„. . . der Defekt ist rein zerebraler Art; . . . diese kleinen Kinder haben vergessen, wie man sieht; und . . . in ihrem Alter ist der ganze psycho-physische Mechanismus noch so wenig etabliert, daß die bewußte Ausschaltung – fast Unterdrückung – des Gesichtssinnes eine wichtige Rolle in ihrem Sinnesleben spielt."

Er schildert folgendes Verhalten:

„Wenn man das Kind ruft, bleibt es zuerst stehen; erst wenn man es entschiedener bittet, beginnt es sich langsam vorwärts zu tasten, wobei es sich offensichtlich allein nach dem Gehör richtet, obschon seine Augen weit offen stehen. Im allgemeinen schlägt es eine falsche Richtung ein und stößt an, wo immer ein Hindernis liegt."

Und später:

„Wenn man ein Stück Zucker, für das das Kind eine Vorliebe hat, auf den Boden vor das Kind wirft, so daß es hört, wo der Zucker hinfällt, schaut es dennoch nicht vor sich hin, sondern starrt ziellos geradeaus" (1).

Seine Patienten waren zwischen 2 1/2 und 3 1/2 Jahren alt. Die längste Periode ohne Sehen dauerte sechs Monate, und diese scheinbar kurze Zeit hatte die beschriebenen drastischen Effekte. Uhthoff sagte über seine Patienten, sie hätten „vergessen, wie man sieht". Diese Feststellung mag durchaus auf Patienten zutreffen, die im ersten oder in den ersten beiden Lebensjahren gesehen haben. Sie können selbst nach langen Perioden des Nichtsehens wieder lernen, ihre Sehkraft zu gebrauchen, können sich erinnern, wie man sieht.

Es gibt Belege dafür, daß sich bei blind geborenen Kindern ein anderer, ein destruktiverer Prozeß vollziehen kann. Anscheinend ist es möglich, daß Gehirnbereiche, die normalerweise für das Sehen verfügbar sind, für andere Funktionen übernommen werden. Man hat dies an Sub-Funktionen innerhalb der Sehsysteme zwar nicht

bei Menschen, wohl aber bei Tieren demonstriert. Im Sehapparat gibt es Nervenzellen, die bei der Geburt nur auf binokulare Eingaben ansprechen. Wird ein Auge bedeckt, so übernimmt das unbedeckte Auge diese binokularen Nervenzellen, die mit der Zeit zu monokularen Nervenzellen werden und dann auf binokulare Reize nicht mehr reagieren. Ähnliches geschieht, wenn nur noch ein Teilbereich der Netzhaut Eingaben empfängt. Die Normalprojektion vom Auge zum Gehirn verläuft sehr geregelt. Wenn nur ein Teil des Auges Eingaben erhält, wird dieser Teil andere Gehirnbereiche okkupieren, die den nicht gebrauchten Teilen des Auges vorbehalten waren. Einmal übernommen, scheinen diese Bereiche nicht mehr zurückgewonnen werden zu können. Demnach könnte der vollständige Verlust der visuellen Funktion bei angeborener Blindheit dadurch verursacht sein, daß „Seh"-Bereiche des Gehirns von den anderen sensorischen Modalitäten, die Eingaben empfangen, mit Beschlag belegt werden.
Später in der Entwicklung auftretende Blindheit wirkt sich offenbar nicht so drastisch aus. Wenn der Zustand reversibel ist, kann eine Wiederherstellung der visuellen Funktion gelingen, was jedoch allem Anschein nach einen Prozeß des Neulernens bedingt. Bei diesem Prozeß geht es indessen zum Teil um das Umbauen einer Funktionshierarchie. Ein Mensch, der nicht mehr sieht, kann sich rasch auf andere Sinne umstellen. Wenn die Sehkraft zurückerlangt wurde, kommt es darauf an, sie in der Hierarchie wieder nach oben zu schieben.
Es ist merkwürdig, jedoch eine Tatsache, daß Menschen, die einmal sehen konnten, besser als Blindgeborene in der Lage sind, ihre übrigen Sinne für bestimmte Wahrnehmungszwecke zu gebrauchen. Frühes visuelles Erleben scheint ein Wissen über die Struktur der Welt aufzubauen, das andere Sinne nicht vermitteln können. Das mag zum Teil an der Unzulänglichkeit der von anderen Sinnen beigesteuerten Information liegen. Das Hören zum Beispiel, wir werden darüber noch sprechen, ist ein sehr beschränkter Raumsinn.
Bis jetzt haben wir die Wahrnehmung und ihre Entwicklung als einen unmittelbaren Prozeß erörtert, in dem wir auf denjenigen Teil der Welt reagieren, der auf unsere Sinnesrezeptoren einwirkt.

Aber Wahrnehmung ist auch ein Prozeß, der uns Direktinformationen über Weltaspekte liefert, die wir nicht selbst erfahren können. Mit unserem Wahrnehmungssystem interpretieren wir Repräsentationen von Welten, welche unseren Blicken für immer verborgen bleiben. In der künstlichen Welt, in der wir leben, ist die Wahrnehmung von Repräsentationen ebenso wichtig wie die realer Objekte. Unter Repräsentation verstehe ich jedes künstlerische Reizschema, das für einen Anblick oder ein Schallereignis, die auf natürliche Weise auftreten könnten, als Substitut dienen soll. Manche Repräsentationen sind als Reizsurrogat gedacht und dafür, genau dieselbe Erfahrung zu produzieren, die die natürliche Welt hervorgerufen haben würde. Das gängigste Beispiel sind stereophone oder quadrophone Tonwiedergabeanlagen, die darauf abzielen, ein Hörerlebnis „wie im Konzertsaal" zu vermitteln. Verblüffend naturgetreue Gemälde (trompe l'oeil) und 3-D-Stereogramme bezwecken ein Nacherleben genau der Erfahrung, die man hätte, wenn man dort wäre, wo Bild oder Stereogramm gemacht wurden. Surrogate sind in einem gewissen Sinne ohne Bedeutung für das Problem der Wahrnehmung von Repräsentationen. Da ein sehr gutes Surrogat exakt den Eindruck erweckt, den die Szene in der Wirklichkeit erwecken würde, ist es kein Wunder, daß wir das Repräsentierte wahrnehmen. Es wäre überraschend, wenn wir es nicht täten. Doch selbst die besten Surrogate mögen einiges Lernen voraussetzen, damit man sie voll genießen kann. Georg von Békésy berichtet, daß in der Frühzeit des Rundfunks, als man noch Kopfhörer brauchte, eine bedeutende politische Persönlichkeit einmal wissen wollte, warum er bei angelegten Kopfhörern die Stimmen mitten in seinem Schädel vernehme. Der auditiven Information nach mußte es eine Schallquelle außerhalb seines Kopfes sein – aber da war nichts zu sehen. Die Frau des Politikers hielt einen unverzüglichen Besuch beim Psychiater für die einzige Lösung, aber Békésy konnte dem Mann helfen, ohne daß ein solcher, politisch mißlicher Schritt nötig wurde. Dieser Mann mußte lernen, den Konflikt zwischen seinen Augen und seinen Ohren nicht zu beachten, um an der Ersatzinformation, die ihm zu Gehör kam, Gefallen zu finden. Ähnliches passiert uns allen. Selbst bei Konzerten mit Mikrophonen auf der Bühne bedeutet ja

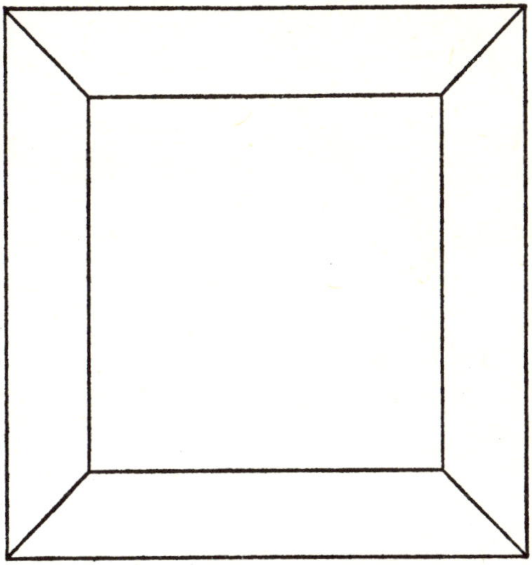

Abbildung 18: Wenn man die Zeichnung in einem Abstand von genau 30 Zentimetern vor die Augen hält und das eine Auge schließt, wird sie zu einem Kubus-Surrogat.

die Übertragung durch Verstärkeranlagen, daß wir den Anblick des Interpreten an seinem Standort damit in Einklang bringen müssen, daß seine Stimme oder Gitarre meterweit von ihm entfernt ertönt. Die meisten von uns tun das zwar ganz automatisch, doch es besteht die Wahrscheinlichkeit, daß Kinder lernen müssen, die Konflikte zwischen diesen Reizen außer acht zu lassen, wenn sie an Surrogaten wirklich Vergnügen haben wollen.

Interessanter und häufiger sind Repräsentationen, die keine Surrogate sind. Die Abb. 18 zeigt zweifellos einen Kubus. Man kann ihn in ein Kubussurrogat verwandeln, indem man das eine Auge schließt und die Zeichnung in einem Abstand von genau 30 cm vor das offene Auge hält. Doch selbst wenn der Kubus sich nicht in dieser Position befindet, können wir unschwer erkennen, daß es ein Kubus ist, und die Repräsentation für alle möglichen Zwecke verwenden. Ob Kinder das auch können? Wie bald wird ein Kind fähig zu sehen, daß ein Objekt eine Repräsentation eines anderen Objekts ist? Wie bald kann es erkennen, daß Zeichen auf einem

Abbildung 19: Ein neunzehn Monate altes Kind, das noch nie ein Bild gesehen hatte, konnte diese – und andere – Dinge benennen.

Blatt Papier ein anderes Objekt repräsentieren? In einer wichtigen Studie wurde der Vorschlag unterbreitet, das Erfassen der in Repräsentationen gebotenen Information sei eine angeborene Fähigkeit und brauche nicht erlernt zu werden. Julian Hochberg und Virginia Brooks nahmen ein normales Neugeborenes und sorgten dafür, daß seine Umgebung von Geburt an kein einziges Bild aufwies (2). Sobald das Kind über einen nicht zu knappen

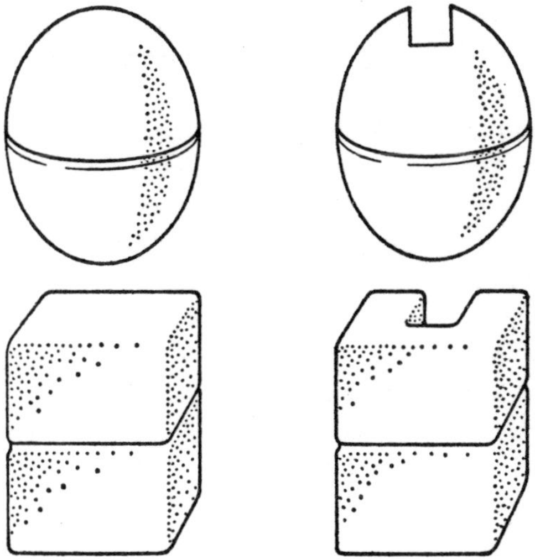

Abbildung 20: Objekte aus Peter Bryants Experiment. Acht Monate alte Babys, die diese Dinge gesehen hatten, konnten sie danach durch Betasten erkennen, und umgekehrt.

Wortschatz verfügte und viele Dinge in der realen Welt benennen konnte, zeigte man ihm Bilder von diesen Objekten und bat es, sie zu benennen. Einige der verwendeten Bilder sind in Abb. 19 wiedergegeben. Das Kind benannte die Bilder ganz richtig. Da es zuvor weder ein Bild gesehen noch gelernt hatte, abgebildete Objekte zu benennen, gelangten die Untersuchenden zu dem Schluß, daß das Begreifen der Bedeutung von Repräsentationen nicht eine von voraufgegangener Erfahrung abhängige, sondern eine angeborene Fähigkeit sei. Stimmt diese bündige Aussage? Obwohl ich für meinen Teil die Ergebnisse der Studie im allgemeinen für gültig halte, finde ich, daß die Schlußfolgerungen übers Ziel hinausschießen. Um meine Vorbehalte verständlich zu machen, sei mir eine Abschweifung gestattet, mit der ich auf die Prozesse der Objekt-Identifizierung als solche eingehen möchte.
Die Repräsentationen, die wir beim Wahrnehmen und Erinnern von Objekten benutzen, sind an jedem Punkt der Entwicklung allgemein und abstrakt. Das hat unter anderem funktionale Gründe.

Ein Zweck, den abstrakte innere Repräsentationen erfüllen, ist das „modalitätsüberschreitende Wiedererkennen", also das Vergleichen. Von Peter Bryant stammt das folgende Wiedererkennungs-Experiment (3). Man präsentierte acht Monate alten Babys zwei Objekte von den in Abb. 20 dargestellten vier Objekten. Zugleich zeigte man ihnen, daß das eine Objekt klapperte, das andere nicht. Dann durften die Babys unter eine Decke fassen, wo man die beiden Objekte versteckt hatte. Prompt fischten sie sich das klappernde Ding heraus. Im Gegenversuch erlaubte man den Babys, mit den Spielsachen zu spielen, ohne sie zu sehen; dann zeigte man ihnen diese Objekte und ließ sie aussuchen. Auch in dieser Situation pickten sie nicht das stumme Spielzeug, sondern das klappernde heraus. Das wäre ihnen aber unmöglich gewesen, wenn sie visuelle Bilder mit Tasteindrücken verglichen hätten. Die Babys müssen die Klapper als „das runde Ding mit dem herausgeschnittenen Stück" erkannt haben, eine Beschreibung, die sich ebensogut auf visuelle wie auf taktile Eingaben stützen kann.

Abstrakte Beschreibungen wie „rund mit einem herausgeschnittenen Stück" werden gemeinhin als „Unterscheidungsmerkmale" bezeichnet. Anscheinend arbeitet unser Wahrnehmungssystem mit Unterscheidungsmerkmalen, nicht mit sinnesspezifischen Elementen. Das demonstrierte Anne Pick mit einem sehr durchdachten Experiment (4). In ihrem Versuch wurden Kindergarten-Kinder darauf trainiert, eine buchstabenähnliche Figur aus einer Anzahl weiterer Figuren herauszufinden. Diese anderen Figuren wichen in mehreren Unterscheidungsmerkmalen von der buchstabenähnlichen Figur ab. In der Abb. 21 geben wir eine Stichprobe aus dieser Aufgabe sowie eine Aufstellung der einschlägigen Unterscheidungsmerkmale. Die Kinder lernten sehr rasch, die Standardfigur zu identifizieren, und verwechselten sie schon sehr bald nicht mehr mit den übrigen Figuren. An diesem Punkte wurden die Kinder in zwei Gruppen eingeteilt und bekamen eine von zwei gleichartigen Aufgaben gestellt. Die eine Gruppe kriegte eine Identifizierungsaufgabe in der Art der ersten, bei der die korrekte Figur dieselbe war, mit der sie sich zuvor schon befaßt hatten. Aber die Merkmale, die die Standardfigur gegen die anderen Figuren absetzten, waren völlig verschieden

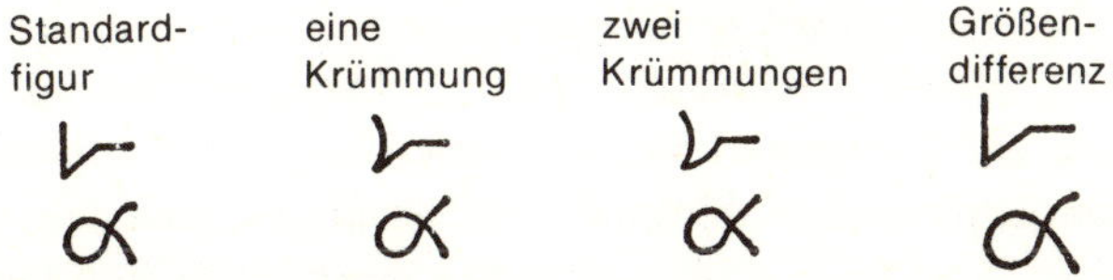

Abbildung 21: Trainingsaufgabe

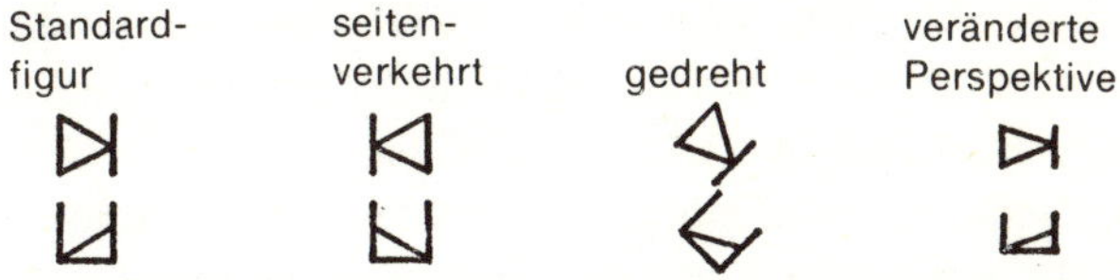

Abbildung 22: Anderer Standard, aber dieselben Unterscheidungsmerkmale wie in der Trainingsaufgabe

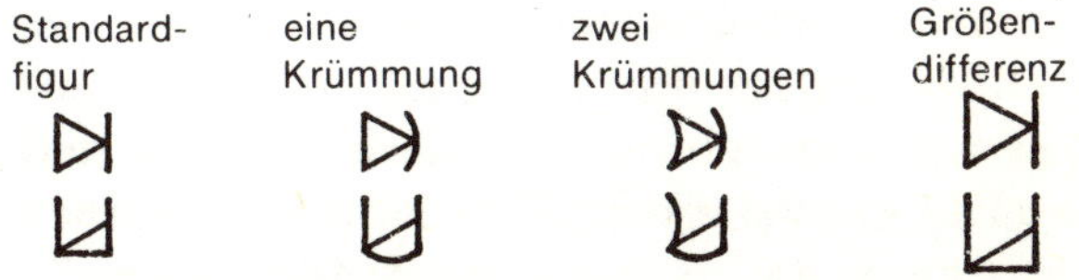

Abbildung 23: Derselbe Standard wie in der Trainingsaufgabe, aber andere Unterscheidungsmerkmale.

(Abb. 22). Die zweite Gruppe sollte eine ganz andere Figur bestimmen (Abb. 23). Diese Figur und die übrigen Figuren, von denen es erstere zu unterscheiden galt, wiesen indessen dieselben Unterscheidungsmerkmale auf, die auch im ersten Lernversuch im Spiel gewesen waren. Wenn wir uns in der Wahrnehmung tatsächlich nach Unterscheidungsmerkmalen richteten, würden wir von dieser zweiten Gruppe erwarten, daß sie die zweite Aufgabe sehr gut löst, da es dabei um dieselben Unterscheidungsmerkmale geht, auf die sich ihr Wahrnehmungssystem bereits in der ersten Aufgabe eingestellt hat. Genauso lief es auch. Die Kinder, die mit denselben Unterscheidungsmerkmalen arbeiteten, schnitten sehr viel besser ab als die Kinder, die sich mit derselben Figur und anderen Unterscheidungsmerkmalen abzugeben hatten. Dies zeigt, daß Wahrnehmung nicht mit photographisch genauen Kopien von Eingaben aus der Außenwelt operiert. Vielmehr operiert das Wahrnehmungssystem mit abstrakten Unterscheidungsmerkmalen, die das Objekt aufweist.

Was hat das mit einem Kind zu tun, das zum ersten Mal ein Bild erblickt? Jede bildliche Repräsentation eines Objekts muß einige der Unterscheidungsmerkmale enthalten, an denen man ein Objekt identifizieren kann. Sie muß nicht alle bieten, aber doch genügend viele, denn sonst ergibt sich eben keine bildliche Repräsentation. In diesem Sinne ist eine bildliche Repräsentation ein Teil-Surrogat des Objekts, nicht eine reine Repräsentation. Für das Wahrnehmungssystem des Kindes könnte eine bildliche Repräsentation tatsächlich in stärkerem Maße als für den Erwachsenen Surrogat sein, und zwar einfach deshalb, weil beim Kinde die begrenzte Informationsverarbeitungsfähigkeit verhindern könnte, daß ihm auffällt, welche Merkmale im Bilde fehlen. So gesehen, ist es nicht verwunderlich, daß ein kleines Kind ein Bild eines Objekts erkennen und das Objekt richtig benennen kann, wenn man ihm das Bild zeigt. Der Name wird geistig mit einer Reihe von Unterscheidungsmerkmalen assoziiert, von denen das Bild einige aufweisen muß. Es leuchtet also durchaus ein, daß das Bild denselben Namen hervorlockt wie das Objekt selbst. Allerdings dreht es sich hier um etwas ganz anderes als darum, das Bild als eine Repräsentation zu sehen. Doch schon das Erreichen jener Stufe setzt eine beachtliche Entwicklung voraus.
Die frühen Stufen des Reagierens auf Repräsentationen sind noch nicht so gründlich untersucht worden, wie sie es verdienen würden. Ich kann es guten Gewissens für unwahrscheinlich erklären, daß junge Babys Bilder als Repräsentationen wahrnehmen. Und wenn die Präsentation nicht sehr umsichtig gehandhabt wird, ist es sogar unwahrscheinlich, daß sie auch nur die Bilder wahrnehmen. In einer meiner Studien bot ich Babys Bilder von Spielsachen dar (5). Die Bilder waren lebensgroße Farbphotographien und so gut, wie man sie für Geld überhaupt kriegen konnte. Mit diesen Bildern wollten wir herausfinden, ob sich eines der Babys soweit würde täuschen lassen, daß es nach dem jeweils abgebildeten Objekt griff. Das geschah nicht. Einige Babys griffen nach der Kante der Photographie, aber keines streckte die Hand nach dem dargestellten Objekt aus. In einer Hinsicht ist das nicht überraschend. Photographierten Objekten fehlen die ausschlaggebenden Unterscheidungsmerkmale von Objekten. Sie verändern sich nicht,

wenn man den Kopf bewegt, und beide Augen sehen sie im gleichen Winkel; genau das sind aber wahrscheinlich die Unterscheidungsmerkmale, die ein reales Objekt definieren. Daß sie fehlten, signalisierte zweifellos Unwirklichkeit. Anfangs ist „unwirklich" gleichbedeutend mit „der Aufmerksamkeit nicht wert". Aber diese Phase geht vorüber, und dann widmen Babys ihre Aufmerksamkeit sehr wohl Bildern und abgebildeten Objekten. Dennoch habe ich niemals gesehen, daß ein Baby versucht hätte, ein abgebildetes Spielzeug zu packen oder ein abgebildetes Stück Kuchen zu essen oder irgend etwas anderes mit dem Bild eines Objekts zu tun, was es mit einem echten Objekt wahrscheinlich tun würde. Bilder scheinen für immer dem Schattenreich des Unwirklichen anzugehören.

Irgendwie müssen Bilder nun diesen Status des Unwirklichen abstreifen und zu einer Position gelangen, in der sie für die von ihnen repräsentierte Wirklichkeit stehen können. Das ist ein beträchtliches Problem, und zwar trotz Hochbergs und Brooks' Befund, daß ein Kind ein Bild eines Objekts mit demselben Namen belegt, den es für das Objekt selbst benutzte. Wie ich schon sagte, bedeutet das letztlich nur, daß dieselben Unterscheidungsmerkmale in beiden Situationen zur Nennung desselben Namens führen, mag nun ein wirkliches Objekt oder nur die Darstellung eines Objekts gezeigt werden. Wenn ein Kind das kann, muß es noch lange nicht imstande sein, ein Bild als eine Repräsentation zu begreifen. Dies hat auch Jane Dunkeld in einer Untersuchung nachgewiesen: Sie zeigte Babys und kleinen Kindern Bilder von zwei Tassen in natürlicher Größe. Die eine Tasse war etwas angekippt, so daß ein kleines Stück Zuckerzeug sichtbar war. Ferner zeigte man den Kindern zwei wirkliche Tassen, die den abgebildeten völlig glichen, nur war die Tasse mit dem Naschwerk nicht geneigt und daher auch keine Leckerei zu sehen. Natürlich sollte das Kind die Süßigkeit finden. Für die ein- bis zweijährigen Kinder in der Untersuchung erwies sich diese Aufgabe als ungemein schwierig. Die älteren Kinder, die sie bewältigten, bedienten sich der Sprache als Vermittler, oder jedenfalls hatte es diesen Anschein. Beim Anblick des Bildes sagten sie etwa: „Das Bonbon ist unter der Tasse mit den Punkten." Zeigte man ihnen die wirklichen Tassen, so meinten sie oft spontan: „Das Bonbon ist unter der Tasse mit den Punkten“ und griffen nach dieser Tasse. Wenn sie das nicht taten, konnte man sie mit der Frage: „Wo ist das Bonbon?“ auf die Probe stellen. Ihre Antwort: „Unter der Tasse mit den Punkten“ löste dann gewöhnlich die Suche unter dieser Tasse aus.

Diese Untersuchung legt für mich den Schluß nahe, daß es – zumindest anfangs – der Sprache bedarf, um eine bildliche Repräsentation zu vermitteln. Ohne das Bindeglied Wort sieht das Kind nicht ein, daß ein Ding für ein anderes steht, und eben das ist das Wesen der Repräsentation. Die Sprache ist das flexibelste aller bislang entstandenen Repräsentationssysteme. In der menschlichen Evolution geht sie der bildlichen Darstellung zeitlich um mehrere Jahrtausende voraus. So ist es wohl nicht als allzu abwegig zu betrachten, daß die verbale Repräsentation der bildlichen auch in der Entwicklung des einzelnen Kindes zeitlich vorangeht. Das Erkennen, daß ein Bild Dinge repräsentieren kann, ist sicherlich etwas ganz anderes, als fähig zu sein, die abgebildeten Dinge richtig zu benennen. Manche Repräsentationsaspekte sind abstrakt und an Konventionen gebunden wie mathematische Symbole, so „natürlich“ sie uns Erwachsenen inzwischen auch vorkommen. Die Repräsentation räumlicher Verhältnisse unterliegt in den verschiedenen Gesellschaften durchaus abweichenden Konventionen. Man vergleiche nur einmal die Darstellung der Perspektive in der europäischen und in der japanischen Malerei. Kein Wunder mithin, daß Kinder erst lernen müssen, was Darstellungskonventionen bedeuten.

Nach manchen Belegen zu urteilen, müssen Kinder übrigens auch erst lernen, wie man in einem Bilderbuch den roten Faden erfaßt. Ann Mayer hat das vor einigen Jahren in einer Studie höchst überzeugend dargetan. Sie zeigte Kindern eine Reihe von Bildern, auf denen unter anderem stets derselbe Hund dargestellt war. Nun sollten ihr die Kinder eine Geschichte über den Hund erzählen. Über den Hund auf dem ersten Bild wußten die Kinder etwas zu sagen, aber wenn sie zum zweiten Bild kamen, lautete ihr Kommentar fast immer: „Da ist noch ein Hund.“ Ihre Erzählungen hatten also keinen roten Faden. Die Situation änderte sich indessen, wenn die gleichen Bilder ohne den Hund darauf vorgelegt wurden.

Den Hund gab man den Kindern jetzt als ausgeschnittene Figur an die Hand, die sie nach ihrem Belieben auf jedes Bild legen durften, wohin sie mochten. Diese Abänderung erbrachte richtige Geschichten mit kleinen Handlungen. Selbst das Erfassen eines einfachen Bilderbuchs kann demnach erhebliche Probleme aufwerfen, die erst überwunden werden wollen. Es versteht sich von selbst, daß die von Technikern oder Architekten benutzten abstrakten Repräsentationen noch schwieriger sein müssen.

Kapitel 8
Künstliche Sinnesorgane für behinderte Kinder

Ein tragisches Entwicklungsproblem ergibt sich, wenn ein Kind ein Sinnesorgan einbüßt. Die beiden gravierendsten Behinderungen dieser Art sind Blindheit und Taubheit.

Es liegt auf der Hand, daß einem tauben Baby das Erlernen von Sprache sehr schwer fällt. Das taube Baby mag lallen wie ein normales, doch wird sich sein Lallen nicht in artikuliertes Sprechen verwandeln, solange es die Laute nicht hört, die seine sprechenden Mitmenschen produzieren. Bei Schwerhörigkeit hilft in manchen Fällen ein Hörgerät, aber das Leiden muß früh genug diagnostiziert werden, denn wenn das Kind zu lange ohne Spracheingabe bleibt, ist es ihm vielleicht nicht mehr möglich, sich eine Sprache anzueignen. Wenn im Einzelfall das Hörgerät nichts nützt, muß festgestellt werden, wie man dem Kinde auditive Informationen über seine übrigen Sinnesorgane zuleiten kann. Man sollte meinen, daß dafür in erster Linie der Gesichtssinn in Frage kommt, der bei weitem komplexeste und leistungsfähigste unserer Sinne. Eine Vermittlung auditiver Information durch das Auge erscheint besonders dann als eine plausible Möglichkeit, wenn ich recht habe mit meiner Annahme, daß das Wahrnehmungssystem mehr mit abstrakten Dimensionen als mit sensorisch spezifizierten arbeitet.

Leider läßt sich auditive Information nur in sehr beschränktem Maße visuell darbieten. Es ist dies mehr eine technologische als eine prinzipielle Frage. Die uns verfügbaren Geräte, zum Beispiel Oszilloskope und Spektrographen, die auditive Signale in visuelle Anzeigen übersetzen, tun dies nicht so, daß das Auge sie analysieren könnte. Die Dimensionen der Sichtanzeige sind nicht die Dimensionen, in denen das visuelle System seine Eingaben auswertet. Es hat sich als schwierig erwiesen, einem Menschen beizubringen, wie man ein Schallereignis von seiner visuellen Repräsentation „ablesen“ kann.

Einen verheißungsvolleren Weg hat Georg von Békésy eingeschlagen (1). Békésy wurde für seine Untersuchungen über das Gehör mit dem Nobelpreis ausgezeichnet. Er wies nach, daß die Schneckenform der Kochlea des Ohres für ihr richtiges Funktionieren nicht unabdinglich ist: Im Modell funktionierte die Kochlea ebenso gut, wenn sie zu einer langen Röhre auseinandergewickelt worden war. Békésy stellte solche Röhren her und befestigte sie an den Unterarmen der Vp. Der entsprechende Apparat machte es möglich, daß die auditive Grundinformation, die als Druckschwankungen an der Kochlea ins Ohr gelangt, nunmehr in den Unterarm eingespeist wird, und zwar als Druckschwankungen an dessen Oberfläche.

Békésy untersuchte, inwieweit Vp. fähig waren, mit diesen künstlichen Ohren zu hören. Eines seiner ersten, überraschenden Ergebnisse war, daß mit den Vorrichtungen Schall geortet werden konnte. Nach einiger Übung vermochten die Vp. Schallquellen mit Hilfe der Ankunftszeitdifferenzen an ihren Unterarmen zu lokalisieren. Die Vp. spürten, daß sich die Schallereignisse „da draußen“ abspielten und sich nicht nur als Eindrücke auf der Hautfläche manifestierten. Auch komplexere Unterscheidungen sind möglich. Gegenwärtig erteilt man tauben Kindern mit ähnlichen Geräten Sprachunterricht, und, wie ich höre, mit Erfolg.

Die Probleme des blinden Kindes sind vielleicht noch gravierender als die des tauben. Blindheit hat einschneidende Folgen für die Entwicklung. In der motorischen Entwicklung weichen blinde Kinder von sehenden Kindern ab. Vielleicht ist das der Grund dafür, daß auch ihre intellektuelle Entwicklung nicht so verläuft wie die sehender Kinder. Wie ich noch ausführen werde, können sich ihre Persönlichkeiten anders entwickeln als die sehender Kinder, was möglicherweise Gründe hat, die mit den vorgenannten zusammenhängen. Alle diese Unterschiede gehen darauf zurück, daß andere Sinne nicht imstande sind, die Information zu liefern, für die im Normalfall das Sehen sorgt. Es ist theoretisch wichtig, die Ursache dieser Unterschiede zu klären, weil es uns gestatten würde, die Rolle des Sehens in der normalen Entwicklung zu defi-

nieren. Wenn wir herausfinden, worum es sich eigentlich handelt bei dem, was uns normalerweise durch das Sehen, aber nicht von anderen Sinnen vermittelt wird, besteht Hoffnung, daß wir die von den anderen Sinnen beigesteuerten Informationen verändern und dadurch dem blinden Baby vielleicht einen Ersatz für das Augenlicht geben können.
Die folgende Tabelle (Abb. 24) zeigt einige Entwicklungsschritte

Item	Altersdurchschnitt in Monaten		Differenz
	sehend	blind	
Richtet sich mit den Armen auf, liegend	2.1	8.75	6.65
Sitzt einen Moment selbständig	5.3	6.75	1.45
Rollt sich vom Rücken auf den Bauch	6.4	7.25	0.85
Sitzt länger selbständig	6.6	8.0	1.4
Richtet sich in Sitzstellung auf	8.3	11.0	2.7
Steht mit Hilfe von Möbelstücken auf	8.6	13.0	4.4
Schreitbewegungen (geht, wenn man es bei den Händen hält)	8.8	10.75	1.95
Steht allein	11.0	13.0	2.0
Macht allein drei Schritte	11.7	15.25	3.55
Greift nach einem sichtbaren Objekt	5.0		
Greift nach einem hörbaren Objekt		11.0	6.0

Abbildung 24: Entwicklungstabelle für blinde und sehende Babys (2).

bei blinden und bei sehenden Babys, wobei in diesem Zusammenhang zwischen beiden Gruppen nur zwei wirklich große Unterschiede auftreten – im Greifen und im selbständigen Gehen. Blinde Babys lernen das Greifen nach geräuscherzeugenden Objekten sehr spät. Wie es heißt, lernen manche es gar nicht. Selbständige Fortbewegung (Gehen ohne menschlichen Führer) ist noch schwerer.

Genau genommen sind Vergleiche zwischen solchen Auflistungen etwas irreführend. Natürlich decken sich die Testbedingungen nicht, denn die sehenden Babys können ihre Augen gebrauchen, die blinden nicht. Wenn man die sehenden Babys im Finstern testet, verschwindet ihr scheinbarer Vorsprung. Nehmen wir die Entwicklung des Greifens nach geräuscherzeugenden Objekten. In einem großen Teil ihres perzeptiv-motorischen Verhaltens, das ich beschrieben habe, ist früh im Leben kein Unterschied zwischen blinden und sehenden Babys festzustellen. Blinde Babys starren sogar ihre Hände an und verfolgen ihren Weg mit ihren Augen, die nichts sehen. Es überrascht mithin nicht, daß sie die Augen auch einer Schallquelle zudrehen und die Hand ausstrecken, um danach zu greifen. Im Finstern getestete sehende Babys verhalten sich genauso. Sie betrachten ihre Hände, wenden sich Schallquellen zu und strecken greifend den Arm nach dem Schall aus. Um den sechsten Lebensmonat kann das Kind schon recht akkurat nach einem geräuscherzeugenden Objekt greifen. Die Wahrscheinlichkeit, daß es das tun wird, nimmt allerdings um diese Zeit deutlich ab. Geräusche sind zum Hören da, nicht zum Anfassen oder Angukken. Das gilt für blinde Babys wie für sehende. Hinfort kriegt man blinde wie sehende Babys nur mit größter Mühe je wieder dazu, nach einem ungesehenen geräuscherzeugenden Objekt zu greifen. Folglich müssen wir eine Erklärung dafür finden, wieso Geräusche in der Zeit zwischen der Geburt und dem siebenten Lebensmonat aufhören, dem Kinde das Vorhandensein greifbarer Objekte zu signalisieren.

Mehrere Erklärungen sind möglich. Die erste wäre: Vorgänge im Gehirn – normale, unveränderliche Wachstumsresultate – bewirken die Trennung. Wenn das zutrifft, kann nichts getan werden, um dem blinden Kinde sein Los zu erleichtern; denn nichts wird es dazu veranlassen, Schall als Quelle für Information über Objekte aufzufassen und zu nutzen. Nun könnte die Trennung von Schall und Objekt beim sechs Monate alten Kinde aber funktionale und keine physischen Ursachen haben. Wenn funktionale Erklärungen sich als richtig erweisen, eröffnet sich eine Möglichkeit, dem blinden Kinde doch noch zu helfen. Ansetzen könnte eine funktionale Erklärung zum Beispiel an der Tatsache, daß Schall von geräuscherzeugenden Objekten nur beschränkten Informationswert hat. Erwachsene und Babys können die Rechts- oder Links-Position von Schallereignissen nach der Ankunftszeitdifferenz des Schalles einschätzen. Das ist eine verwertbare Art von Information in Schallereignissen, die von Objekten ausgehen. Doch betrachten wir jetzt einmal Informationen, die solche Schallquellen *nicht* geben.

Erstens läßt sich dem Schall allein nicht sofort entnehmen, ob sich seine Quelle vor oder hinter einem befindet (Abb. 25). Für Erwachsene ist diese Mehrdeutigkeit kein großes Problem, weil sie die Frage mit einer Kopfbewegung klären können. Kleinkindern fallen solche Kopfbewegungen nicht so leicht. Blinde Babys gar haben keine Möglichkeit, den Ort einer Schallquelle visuell zu überprüfen. Zweitens informiert der von einer Schallquelle ausgehende Schall nicht über oben und unten, die „Azimut"-Position. In Fachkreisen ist außerordentlich strittig, ob Erwachsene die Azimut-Position ohne Kopfbewegungen der in Abb. 26 gezeigten Art erfassen können. Mit solchen Kopfbewegungen geht es leicht, aber für Babys sind Kopfbewegungen ein Problem. Drittens informieren uns Schallquellen nicht über ihre Entfernung. Kein Mensch kann sagen, wie weit eine Schallquelle entfernt ist. Auch wenn Erwachsene die Entfernung vertrauter geräuscherzeugender Objekte schätzen, läuft es meist nur auf Vermutungen hinaus. Viertens spezifiziert nichts in einem Schallereignis, was für ein Objekt den Schall aussendet. Ein einleuchtendes Beispiel bietet die menschliche Stimme: Sie kann von einem Gesicht, aus einem Fernsehgerät, aus einem Hifi-Lautsprecher, aus einem Kofferradio kommen. Von diesen Objekten ist für das Baby nur das letztgenannte eines, von dem es wirklich Besitz ergreifen kann. Fünftens und letztens: Nur wenige Objekte in der Welt emittieren

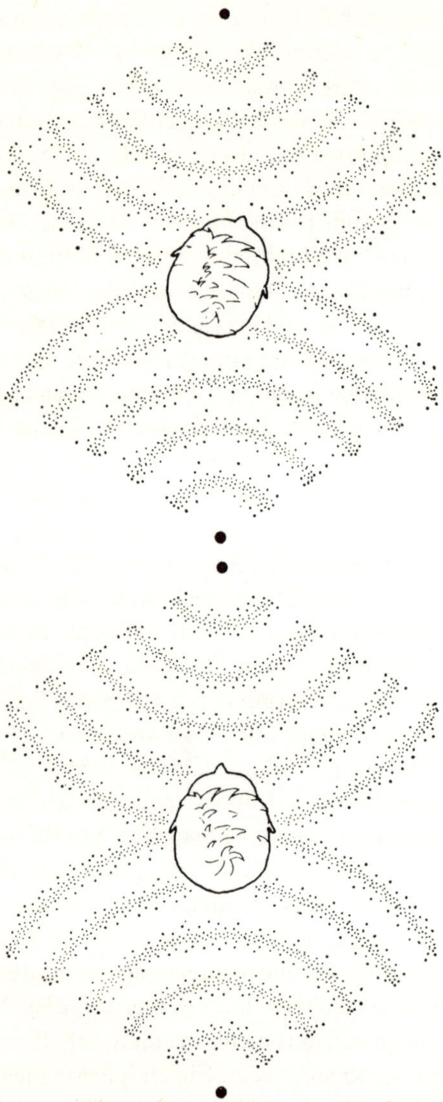

Abbildung 25: Wie die untere Zeichnung zeigt, ergibt sich für die Ohren keine Ankunftszeitdifferenz zwischen einem von vorn und einem von hinten kommenden Geräusch. Nur mit Hilfe einer Kopfbewegung, die Zeitdifferenzen vergrößert (obere Zeichnung), kann die Schallquelle geortet werden.

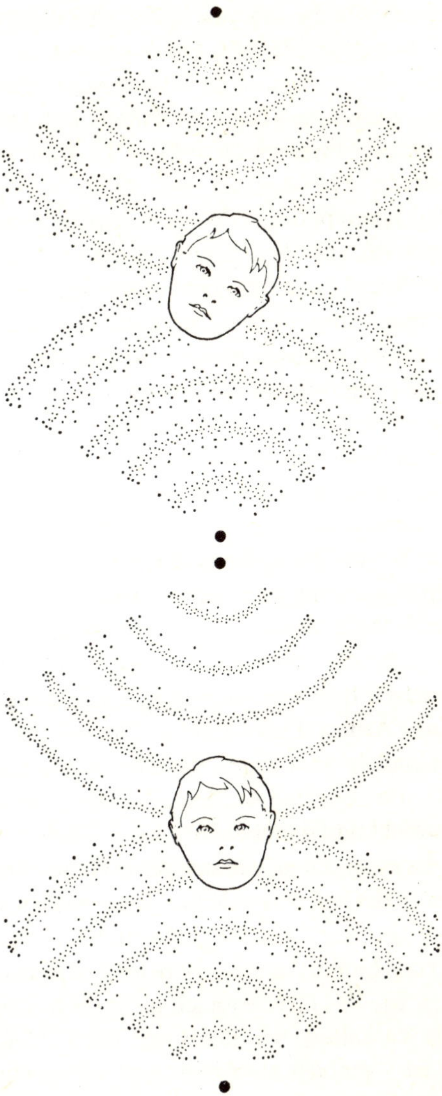

Abbildung 26: Direkt von oben oder unten kommende Geräusche sind gleichfalls nur mittels Kopfbewegung zu lokalisieren.

Schall. Das blinde wie das sehende Baby wird es fortwährend mit Objekten zu tun haben, die kein Geräusch machen.
Stellen wir das alles in einen strikt funktionalen Zusammenhang. Angenommen, ein blindes Baby ist willens und fähig, nach geräuscherzeugenden Objekten zu greifen. Es kann sagen, ob sich ein Objekt auf der Ebene seiner Mittellinie, zu seiner Rechten oder zu seiner Linken befindet. Weiterhin angenommen, das eintreffende Geräusch spezifiziert ein Objekt auf der Mittellinien-Ebene. Der Schall kann ihm nicht mitteilen, ob das Objekt direkt vor oder hinter ihm, oben oder unten, nah oder fern ist. Bei einem anhaltenden Geräusch besteht für das Baby die Möglichkeit, von diesen Dimensionen die beiden ersten herauszubekommen, aber die letzte Dimension bleibt ihm verborgen. Wenn die Schallquelle nicht kontinuierlich arbeitet, so daß gezielte Kopfbewegungen nichts nützen, fallen für die Wahrnehmung auch die beiden ersten Dimensionen aus. Angenommen, das Baby greift dann nach dem Schall. Wie stehen die Chancen, daß es die Schallquelle erwischt? Unstreitig sehr, sehr schlecht. Weder das sehende noch das blinde Baby kann aus sich heraus Genaues über die Links-Rechts- oder die Oben-Unten-Position wissen, und es hat auch keine präzisen Informationen über Entfernungen oder über die Länge seines Armes. Links-Rechts, Oben-Unten, Vorn-Hinten, Nah-Fern und die Armlänge – das alles muß genau spezifiziert sein, wenn akkurat gegriffen werden soll. Das sehende Kind, das den Arm ausstreckt und danebenfaßt, kann *sehen*, warum es fehlgegriffen hat. Es kann sehen, wie sich seine Hand über oder unter, vor oder hinter dem Gegenstand seines Interesses bewegt. Das sehende Kind hat also Korrekturmöglichkeiten, die das blinde Kind nicht hat. Von der Funktionalität her beurteilt, muß ein so erfolgloses Verhalten wie das Greifen nach nicht erblickten Geräuschmachern – ein Verhalten, bei dem sogar die Fehlerquelle kaum auszumachen ist – einfach absterben und verschwinden. Genau das passiert.
Die Darbietung geräuscherzeugender Objekte wirft für das blinde Kind aber noch ein anderes, ein subtileres Problem auf. Wir wollen es an einem Experiment erläutern, das nicht mit Babys, sondern mit Tieren durchgeführt wurde. Es handelt sich um eines der

Abbildung 27: Richard Helds Versuchsapparat. Das Kätzchen in der Gondel kann ebensoviel sehen wie das andere Kätzchen, es kann aber nicht in einem visuellen Kontext *agieren*.

vielen Experimente Richard Helds (3). Die Protagonisten in seinem Versuch, Kätzchen, waren wie in Abb. 27 miteinander verbunden. Ein Kätzchen, das aktive, konnte sich innerhalb der Grenzen, die ihm das Gerät setzte, spontan bewegen. Wenn es etwas Interessantes sah, konnte es sich darauf zubewegen, wenn es etwas Unangenehmes sah, konnte es sich wegbewegen. Dieses Kätzchen konnte visuelle Reize dazu benutzen, seine Bewegungen zu steuern, und mit seinen Bewegungen die Eingaben für seine Augen regeln. Das Kätzchen in der Gondel hatte keine solche interaktive Beziehung zu seiner visuellen Welt. Es konnte nicht herumlaufen, ja nicht einmal mit den Pfoten den Boden berühren. Das passive Kätzchen sah nur, was ihm das aktive zu sehen erlaubte. Als man die Kätzchen aus dem Apparat holte und in einer Reihe visueller Tests prüfte, erwies sich das aktive Kätzchen als im wesentlichen normal. Das passive Kätzchen dagegen reagierte einfach nicht auf visuelle Eingaben. Es konnte sehen, sein Sehsystem war normal, aber es hatte die Fähigkeit verloren, in einem visuellen Kontext zu agieren. In der Versuchssituation zur Passivität verdammt, war es jetzt in allen Situationen passiv.

Bedenken wir nunmehr die Situation des blinden Babys. Was sich ihm an auditiver Stimulation bietet, stammt von anderen. Das Baby bestimmt nicht, welche Reize es empfängt; weder kann es die Ohren zumachen, wenn ihm der Reiz mißfällt, noch kann es den Reiz andauern lassen, wenn er ihm behagt. In Bezug auf die Geräusche schallerzeugender Objekte ist das blinde Baby in genau derselben Lage wie das passive Kätzchen in Helds Versuch. Wen will es dann wundern, daß das blinde Baby nicht anspricht auf auditive Reize, die von außen auf es eindringen?

An diesem Punkt möchte ich auf eine Beobachtung hinweisen, die man an blinden Babys sehr häufig macht. Sie sind sehr „brave" Babys, still, anspruchslos, von ausgeglichenem Wesen, mit einem Wort: passiv. Würden wir zu weit gehen mit der Vermutung, daß die sensomotorische Passivität sich ausbreitet und zu einem allgemeinen Kennzeichen der Persönlichkeit, zu einer generalisierten Einstellung zur Welt, zu einer angelernt-gewohnheitsmäßigen Hilflosigkeit wird?

Alles oben gesagte gilt für eine Klasse von auditiver Stimulation, die von geräuscherzeugenden Objekten ausgeht. Es gibt aber eine ganze Klasse auditiver Reize, bei denen solche Einschränkungen entfallen, nämlich Echo-Reize. Angenommen, wir machen ein Geräusch, indem wir mit den Fingern schnippen. Die erzeugten Schallwellen breiten sich von unserer Hand hinweg aus und werden von jedem Hindernis zurückgeworfen. Die dadurch entstandenen Echos enthalten sehr viel Information, die von Objekten ausgesandter Schall vermissen läßt. Als erste und wichtigste Dimension ist aus Echos die Entfernung zu entnehmen. Da sich Schallwellen mit konstanter Geschwindigkeit ausbreiten, gilt: Je weiter weg ein Objekt ist, desto länger braucht das von ihm zurückgeworfene Echo, um an das Ohr zu gelangen. Dieses Verhältnis ist vollkommen berechenbar und ein besserer Entfernungsanzeiger als jeder visuelle Reiz. Zweitens spezifizieren Echos die

Richtung von Objekten. Das Echo von einem Objekt zur Rechten erreicht das rechte Ohr vor dem linken Ohr, und umgekehrt. Das ist genauso wie bei Schallwellen, die ein Objekt aussendet. Das Echo spezifiziert zwar nicht oben und unten, aber es kann die Größe eines Objekts verraten. Je größer das Objekt, desto mehr von der Schallwelle wird es reflektieren. Diese Relation gestattet in Verbindung mit der Entfernungsspezifikation eine exakte Größenbestimmung auf jede Entfernung. In einem gewissen Umfang können Echos sogar die Form eines Objekts spezifizieren, wenn auch nicht genau.

Was bedeuten Echos für blinde Babys? Man weiß seit vielen Jahren, daß blinde, mobile Erwachsene sich an Echos in der Umwelt orientieren: Echos ihrer Schritte, Echos ihres Blindenstocks, Echos, die sie mit Fingerschnippen erzeugen, usw. Derartige Echos sind nicht immer verfügbar, und so hat sich die Forschung in den letzten Jahren eingehend mit der Brauchbarkeit künstlicher Echoortungsapparate beschäftigt, von denen einige sehr präzise zu arbeiten scheinen.

Gesetzt, daß ein blindes Baby Echos zu benutzen versteht. Bei welchen Gelegenheiten könnte es diese Technik anwenden? In einer normalen westlichen Umgebung wohl nur selten, fürchte ich. Das Baby ist außerstande, Echos durch Klappern mit dem Absatz oder durch Fingerschnippen zu bewirken. Nur seine Stimme kann es dazu spontan einsetzen. Aber meist ist seine Umgebung so laut oder so eingerichtet, daß das Baby Echos seiner Stimme nicht zu registrieren vermag. Eine typische westliche Wohnung mit Fernseher, Radio, schallschluckenden Teppichen und dergleichen bietet für die Benutzung von Echos, wie sie ein Baby hervorrufen kann, nur geringe Möglichkeiten. Der Umgebungslärm wird die subtile Echo-Information übertönen, ersticken. Hat das eine Bedeutung? Gibt es Beweise dafür, daß blinde oder sehende Babys mit Echos arbeiten können?

Mir ist ein blindes Baby bekannt, dessen Fall dafür Anhaltspunkte bietet. Ich hatte das große Glück, dieses Kleinkind im Alter von sechzehn Wochen testen zu dürfen. Es war zehn Wochen zu früh geboren und reifemäßig daher ungefähr auf dem Niveau eines sechs Wochen alten normalen Babys. Das Kind hatte ein ziemlich umfangreiches Verhaltensrepertoire. Merkwürdig waren auch seine Vokalisationen: Es produzierte mit Lippen und Zunge scharfe Schnalzlaute in ungewöhnlicher Anzahl. Von sehenden Babys hatte ich solche Geräusche nie vernommen, und daher vermutete ich, daß sie dem blinden Baby zur Erzeugung von Echos dienten. Um dies zu prüfen, hängte ich vor dem Baby geräuschlos einen großen Ball auf. Das Kleine wandte sich dem Ball zu, um hinzu„schauen". Ich bewegte den Ball, wieder geräuschlos. Das Baby schnalzte ausgiebig, und dann folgte es der Bewegung. Diese Vorführung wiederholte sich siebenmal. Der Ball machte bei seinen Bewegungen nicht das leiseste Geräusch. Das Geschehen war so spektakulär, daß einer der Zuschauer Zweifel äußerte, ob die Diagnose überhaupt stimme und das Baby wirklich blind sei. Ein anderer Anwesender schlug Echoortung als Erklärung vor. Offenbar vermochte dieses Baby mit Echos zu arbeiten.

Man erläuterte den Eltern die Sache mit der Echoortung und bat sie, dafür zu sorgen, daß das Kind diese Fähigkeit weiterhin nutzen konnte. Sie brachten mehrere Spielsachen über seinem Bettchen an, deren Positionen sie jedesmal beim Schlafenlegen des Kindes änderten. Jedes dieser Objekte machte irgend ein Geräusch, wenn man dagegenschlug oder daran zog. Rasch lernte das Baby, daß es beim Zubettbringen irgendwo in seiner Reichweite ein Spielzeug vorfand, mit dem es spielen konnte. Aber aufzuspüren vermochte es das Spielzeug nur mit Hilfe von Echos. Im Alter von sechsundzwanzig Wochen lokalisierte das Kind mit großer Sicherheit jedes größere Objekt, das über seinem Bettchen baumelte, und war imstande, diese Fähigkeit in einem gewissen Grade auch auf andere Situationen zu generalisieren.

In diesem Alter von sechsundzwanzig Wochen bekam das Baby ein sinnreich erdachtes Echoortungsgerät. Es hat eine Reichweite von 2 m, erfaßt einen 80-Grad-Bereich vor dem Kind und gibt sogar Echos von so kleinen Objekten wie einer Stricknadel. Jedes Objekt innerhalb dieses Bereichs liefert ein Echo, welches mit Hilfe von Transducern in hörbare Frequenzen umgewandelt wird. Aus der Tonhöhe des Signals geht die Entfernung, und aus der Amplitude die Größe des Objekts hervor. Das Gerät arbeitet kontinuierlich und erfordert keine Aktivität seitens des Babys, so daß das Kind seine Vokalisationen für andere Zwecke gebrauchen kann. Wir hoffen, daß der Apparat dem Kind ein wenig das Augenlicht ersetzen wird.

Zum Glück sind Blindheit und Taubheit bei Kindern ziemlich seltene körperliche Behinderungen. Aber die schwierige Lage des blinden oder tauben Kindes kann Gefahren aufzeigen, die auch dem normalen Kinde drohen. Eine davon ist Reizüberflutung. Reizmengen waren Gegenstand einer experimentellen Studie mit menschlichen Kleinkindern (4). Es ging um Babys, die in einer ziemlich altmodischen Institution aufwuchsen. Nach der Schilderung der Autoren handelte es sich um ein altes Gebäude mit altem Mobiliar. Die Bettchen der Babys hatten Kuhlen vom langen Gebrauch und beschränkten die Bewegungsfreiheit der Kinder. Außerdem waren die Bettgestelle innen verkleidet, so daß die Kleinen einander nicht sehen konnten; da zudem die Räume sehr hohe Decken hatten, gab es für die Babys fast nichts zu betrachten. Solche Verhältnisse sind natürlich in einem Maße reizarm, das man schon als kriminell bezeichnen muß, und verraten völlig falsche Vorstellungen von einer für Babys geeigneten Umwelt. Unter diesen gefängnisähnlichen Bedingungen mußte jeder Verbesserungsvorschlag der Forscher einen Fortschritt bedeuten, der ohne ihr Zutun bestimmt ausgeblieben wäre.

Im Rahmen der Studie wurde die noch am meisten stimulierte Gruppe von Babys fortan häufiger aufgenommen; man entfernte die Verkleidung von den Bettchen und gab den Babys ein mehrfarbiges Mobile sowie gemusterte Tücher zum Anschauen. Dieser Luxus wurde eingeführt, als die Kleinen siebenunddreißig Tage alt waren; er fand jedoch keine uneingeschränkte Billigung. Diese Babys schrien mehr als die Kontrollbabys, deren öde Umwelt unverändert geblieben war, und sie schenkten visuellen Ereignissen in ihrem Nahraum weniger Beachtung. Wie es schien, hatte man zu schnell zuviel auf einmal geboten, mit dem Ergebnis, daß diese Babys die plötzlich zu komplex gewordene Welt mieden. Ich kann mich des Gedankens nicht erwehren, daß der Grund für diese so negative Reaktion auf die paar geringfügigen Veränderungen in den 37 voraufgegangenen Verweiltagen in der Institution zu suchen ist. Und im Vergleich mit einer normalen häuslichen Umgebung waren es wahrhaftig geringfügige Veränderungen, die nur im Rahmen der reizarmen Heimwelt einige Brisanz entwickeln konnte. Wenn man davon ausgeht, daß alle in der Studie erfaßten Babys depriviert waren, gewinnt man den Eindruck, daß zu viele zu rasch erfolgende Reizeingaben für das Baby Entwicklungsprobleme heraufbeschwören können. Wer für ein Baby in der Entwicklung eine optimale Umgebung schaffen will, muß sich wahrscheinlich von dem Baby leiten lassen. Zuviel Stimulation ist ebenso nachteilig wie zu wenig. Mit einem gelangweilten Baby gestaltet sich das Zusammenleben ebenso schwierig wie mit einem, das völlig abgeschaltet hat. Die Verantwortung dafür, daß der Wahrnehmung des Kindes die richtigen Eingaben zugeführt werden, tragen die Eltern, und es ist wahrlich eine schwere Verantwortung. Das Durchschnittskind braucht mehr, als sich durchschnittliche Eltern meist vorstellen, aber es hat eben auch seine Grenzen. Solange das bedacht wird, kann sich eine bereicherte Welt der Wahrnehmungen für ein Kind nur positiv auswirken.

Kapitel 9
Wahrnehmung und Entwicklung

Wir wollen nun unseren knappen Überblick zusammenfassen und dabei die Wahrnehmung in den Gesamtkontext der menschlichen Entwicklung stellen. Zu Beginn haben wir die wundervollen Wahrnehmungsfähigkeiten des Neugeborenen betrachtet; später haben wir erörtert, wie sich diese Fähigkeiten wandeln. Können wir diese Veränderungen auf einen gemeinsamen Nenner bringen?

Obwohl man über eine wirklich generelle Kennzeichnung immer streiten kann, möchte ich einen Vorschlag wagen und sagen: Die Wahrnehmungsfähigkeiten des Neugeborenen sind sehr allgemeiner oder abstrakter Natur und die Entwicklung der Wahrnehmung besteht darin, daß diese abstrakten Kapazitäten zunehmend spezifiziert werden. Was heißt das konkret? Ein einleuchtendes Beispiel bietet sich, wenn man den Wandel der Empfänglichkeit des heranwachsenden Kindes für Sprachlaute untersucht. Das Neugeborene kann die Laute jeglicher Sprache in die Grundeinheiten dieser Sprache zerlegen: Es ist für alle möglichen Sprachen bereit und aufgeschlossen. Bald jedoch stellt sich ein Kind auf die Lautbilder derjenigen Sprachgemeinschaft ein, in der es lebt. Nach und nach verliert es die Fähigkeit, auf jede beliebige Sprache zu reagieren; das ist der Preis dafür, daß es die Laute und Lautketten der Sprache, die es jeden Tag hört, immer besser zu differenzieren lernt. An diesem Beispiel wird deutlich, wie eine allgemeine Kapazität sich zugunsten fortschreitender Spezifizierung allmählich wandelt.

Ein weniger augenfälliges, aber vielleicht aussagekräftigeres Beispiel entnehmen wir der Studie über das blinde Kind mit dem Gerät, das ihm akustisch Rauminformationen vermittelte. Das Vorhandensein eines Objekts im Arbeitsbereich des Geräts wurde ihm von einem Geräusch angezeigt, welches es mit dem Gehör

aufnahm. Bewegte sich das Objekt auf das Kind zu, so änderte sich die Höhe des Geräusches und auch seine Amplitude. Wenige Sekunden nach dem Anlegen des Geräts wußte das Baby, daß diese Veränderungen das Näherkommen eines Objektes in Richtung auf sein Gesicht signalisierten. Der wichtige Punkt ist nun der: Kein Baby war je zuvor mit dieser Art von *spezifischer* Information konfrontiert worden. Das sehende Kind sieht in derselben Situation einen Komplex von visuellen Veränderungen, die auf einer abstrakten Ebene den von dem Schall-Apparat erzeugten Veränderungen sehr ähnlich sind. Es scheint, daß das Wahrnehmungssystem zum Gebrauch solcher abstrakter Informationen bereit ist, und zwar ungeachtet der spezifischen sensorischen Modalität, die die Information darbietet. Diese Bereitschaft bleibt nicht lange erhalten. Ungefähr im ersten Jahr gewöhnt sich das Wahrnehmungssystem an eine spezifische Art von Eingaben. Daran muß es liegen, daß eine Wiederherstellung des Augenlichts auf operativem Wege bei einem blindgeborenen Kinde um so weniger Nutzen stiftet, je älter das Kind ist.
Das Wahrnehmungssystem erfährt also im Laufe der Entwicklung eine fortschreitende Spezifizierung. Es operiert innerhalb eines beschränkten Reizbereichs, aber dieses Manko wird durch seine wachsende Leistungsfähigkeit ausgeglichen, die ihm immer feinere und genauere Differenzierungen ermöglichen.
Welchen Platz nimmt die Entwicklung der Wahrnehmung im Gesamtrahmen der menschlichen Entwicklung ein? Wie ich zu zeigen versucht habe, verliert die Wahrnehmung an Bedeutung, je älter wir werden. Die von unseren Sinnen gelieferte Information bleibt im Laufe der Entwicklung relativ konstant. Was sich ändert, ist die Art und Weise, wie wir sie interpretieren. Nehmen wir Übergänge beim Verschwinden von Objekten. Objekte können in mannigfacher, bisweilen unbegreiflicher, Weise verschwinden. Wir wissen dann nicht, wohin das Objekt verschwunden ist. Auf dieser Basis spielen sich „Zaubertricks" ab. Doch hierzu ein Hinweis: Während wir Erwachsenen der vom „Magier" bewirkten Täuschung erliegen, ob wir wollen oder nicht, wissen wir ganz genau, daß wir Illusionen auf den Leim gehen, und daß die Wirklichkeit anders aussieht. Das Baby wird vom Verschwinden hinwegmanipulierter

Objekte ebenso berührt, aber es weiß nicht, daß die Wirklichkeit anders ist. Das muß es erst lernen, und es lernt es, soweit wir wissen, im Laufe des ersten Lebensjahres. Später in der Entwicklung gibt es ähnliche Veränderungen in dem Maß des Zutrauens, das wir zu unseren Sinnen haben – Veränderungen, die das betreffen, was man mit „Erhaltung" bezeichnet: Man betrachte eine Flasche, die mit einem Fruchtsaft gefüllt ist, neben einem Glase, welches dieselbe Menge derselben Flüssigkeit enthält. Es scheint dann so, als sei in der Flasche viel mehr als im Glas. Gleichwohl akzeptieren wir, daß beide Mengen identisch sind, wenn wir mitangesehen haben, wie der Inhalt aus der Flasche in das Glas umgegossen wurde. Ein noch nicht sechs Jahre altes Kind akzeptiert das nicht. Für dieses Kind ist im Glas weniger als in der Flasche: Es läßt sich in seinem Urteil von dem bestimmen, was es mit seinen Sinnen wahrnimmt. Diesen Irrtum begeht es nach einiger Zeit nicht mehr. Auch wir verlassen uns nach und nach immer weniger auf das, was wir sehen können, wenn wir erklären wollen, was wir sehen. Wir erklären unsere Welt im Sinne unsichtbarer, nicht wahrnehmbarer Ereignisse und Kräfte. Und doch bestimmt unsere Wahrnehmungswelt – die Quelle unseres ganzen Wissens – nach wie vor die Art und Weise, wie unser Wissen zustandekommt, auch wenn wir uns mit dem Unsichtbaren, dem Nichtwahrnehmbaren auseinandersetzen. Denken wir an die berühmte Debatte in der Physik zwischen denen, die Licht für einen Regen von Korpuskeln hielten, und den anderen, die es sich wie Wellen in einem Teich vorstellten. Auf einer theoretischen Ebene besteht zwischen den beiden Vorstellungen kein Unterschied. Auf Gegebenheiten der Wahrnehmung übertragen, schienen sie indessen so unvereinbar zu sein, daß Physiker sich jahrzehntelang darüber stritten. Eine Theorie kann für den Intellekt noch so zwingend sein: wir fühlen uns wohler, wenn wir einen Beweis für ihre Richtigkeit vor Augen geführt bekommen. Daraus erklären sich auch die Unsummen, die die moderne Wissenschaft in Blasenkammern, Elektronenmikroskope und ähnliches steckt.
Je mehr wir der Welt der Wahrnehmungen entwachsen, desto mehr sind wir gezwungen, zu primitiven Gewißheiten der Wahrnehmung zurückzukehren.

Literatur

Zu Kapitel 3

1. J.B. Watson, Psychology from the Standpoint of a Behaviourist (London and Philadelphia: Lippincott, 1919).
2. M. Wertheimer, ‚Psychomotor coordination of auditory-visual space at birth', Science, 1961,134,1692.
3. E.R. Siqueland und L.P. Lipsitt, ‚Conditioned head-turning in human newborns', Journal of Experimental Child Psychology, 1966, 3, 356-76.
4. G. Carpenter, ‚Mother's face and the newborn', in R. Lewin (ed.), Child Alive (London: Temple Smith, 1975).

Zu Kapitel 6

1. H.R. Schaffer, The Growth of Sociability (Harmondsworth: Penguin, 1971).
2. J.S. Bruner, Processes of Cognitive Growth: Infancy (Barre, Mass.: Barre Publishing, 1968).

Zu Kapitel 7

1. W. Uhthoff, ‚Sitzungsber. D. Marb. Gesellschaft 1892', in M. von Senden (ed.), Space and Sight (London: Methuen, 1960).
2. J. Hochberg und V. Brooks, ‚Pictorial recognition as an unlearned ability: a study of one child's performance', American Journal of Psychology, 1962, 75, 624-8.
3. P.E. Bryant, P. Jones, V. Claxton und G.M. Perkins, ‚Recognition of shapes across modalities by infants', Nature, 1972, 240, 303-4.
4. A.D. Pick, ‚Improvement of visual and tactual form discrimination', Journal of Experimental Psychology, 1965, 69, 331-9.
5. T.G.R. Bower, ‚The object in the world of the infant', Scientific American, 1971, 225 (4), 30-8.

Zu Kapitel 8

1. G. von Békésy, Sensory Inhibition (Princeton, N.J.: Princeton University Press, 1967).
2. Aus S. Faiberg und N. Bayley, ‚Gross motor development in infants blind from birth‘, Child Development, 1974, 45, 114-26.
3. R. Held, ‚Plasticity in sensory-motor systems‘, Scientific American, 1965, 213 (5), 84-94.
4. B.L. White, Human Infants: Experience and Psychological Development (Englewood Cliffs, N.J.: Prentice Hall, 1971).

Das Kind und seine Entwicklung

Die Bücher dieser Reihe, zu deren Herausgebern der berühmte Entwicklungspsychologe Jerome Bruner gehört, richten sich an jene, die genau, sachlich und auf dem neuesten Stand informiert sein wollen, weil sie beruflich oder als Eltern unmittelbar für Kinder verantwortlich sind.

Außer dem vorliegenden Buch sind erschienen:

Aidan Macfarlane: Die Geburt

135 Seiten, kartoniert
ISBN 3-12-924510-3

Die emotionalen Vorgänge während der Geburt werden hier aufgrund neuester Forschungen dargestellt. Sie erscheinen als eine besonders folgenreiche Phase in der Entwicklung einer Beziehung zwischen dem Ungeborenen und seiner Mutter, zwischen dem Säugling und seinen Eltern, zwischen dem Kleinkind und seiner weiteren Umwelt.

Rudolph Schaffer: Mütterliche Fürsorge in den ersten Lebensjahren

140 Seiten, kartoniert
ISBN 3-12-927800-1

Das Buch handelt von der physischen Betreuung des Kindes, von den Einstellungen der Mütter (Väter), vor allem aber von der stimulierenden Wirkung der Zuwendung und von der Rolle des Gesprächs.
Schaffer vermeidet es, Werturteile zu fällen und Schuldige ausfindig zu machen, wo ein Kind sich ungünstig entwickelt.